나도 복지국가에서 살고 싶다

관객에서 참여자로, 함께 만드는 복지국가

관객에서 참여자로, 함께 만드는 복지국가

나도 복지국가에서 살고 싶다

초판 1쇄 펴낸날 2012년 11월 11일
초판 2쇄 펴낸날 2015년 5월 11일

지은이 오건호
펴낸이 이광호
펴낸곳 도서출판 레디앙
디자인 이모나
인쇄 천일문화사

등록 2014년 6월 2일 제315-2014-000045호
주소 서울시 강서구 공항대로 481(등촌동 2층)
전화 02-3663-1521 팩스 02-6442-1524
전자우편 redianbook@gmail.com

ISBN 978-89-94340-14-2 03300

책값은 뒤표지에 있습니다.

나도 복지국가에서 살고 싶다

관객에서 참여자로, 함께 만드는 복지국가

오건호 지음

레디앙

복지를 나의 일로 여기게 된 때는 민주노총 정책부장으로 활동을 시작한 2001년 3월이다. 민주노총에 첫 출근한 날 저녁, 보건의료 관련 사회단체 연대회의에 민주노총 담당자로 참석하라는 업무 지시를 받았고, 출근 첫날 난생처음 건강보험 급여, 의료수가 등 생소한 단어를 접하게 되었다. 이어 국민연금 보험료 한번 내보지 못했던 내가 국민연금 관련 정부위원회에 참여하는 임원들을 보좌했고, 이듬해인 2002년부터는 국민연금 개정 논란에 직접 관여하기도 했다.

그래도 당시 '복지'라고 말하면, 기초생활보장제도, 장애인 지원 등 취약계층의 빈곤 문제를 다루는 것으로 이해되었고, 복지운동단체라면 기초생활보장수급자, 장애인, 빈곤계층 아동들의 복지를 챙기는 조직을 의미했다. 실제 복지 요구를 자신의 과제로 삼아 움직인 주체들도 빈민, 장애인, 환자단체 정도였다. 지금 생각해 보면 '선별 복지' 틀에서 복지 업무를 다루어 왔던 셈이다.

2004년부터는 국회 재정경제위원회 보좌관으로 일한 덕분에 국가재정을 공부할 기회를 가졌다. 처음에는 국가재정법이 새로 생기면서 크게 바뀐 재정 체계가 흥미로웠는데 노무현, 이명박 정부 내내 복지 지출이 논란거리가 되자 복지 재정 자료를 꼼꼼히 살펴보게 되었다. 예산을 통해서 전체 대한민국 복지 현실을 조망해 본 셈이다.

2008년에는 촛불, 2010년에는 무상급식 파도가 밀려왔다. 노동조합, 진보정당 등 전통적인 운동 조직에서 일했던 나에게는 신선한 충격이었다. 손에 잡히지는 않지만 촛불을 켜고 무상급식 열망을 일으키는 이 힘은 과연 무엇일까?

당시 노동조합의 관성화, 진보정당의 분당 등으로 힘이 빠질 대로 빠져 있던 나에게 풀뿌리 시민들의 역동적 에너지가 온몸으로 느껴졌다. 눈에 보이지는 않지만 나뭇가지를 흔드는 바람 같은 힘이 대한민국에 분명 존재하고 있었다.

무상급식 이후 이 에너지는 보편 복지, 복지국가 담론으로 확장되었다. 한쪽에서는 거품일 뿐이라며 결국은 지금과 별반 차이가 없을 거라 했지만, 희망을 가지고 싶은 내 마음은 복지국가 꿈을 꾸기 시작했다. 민생을 열망하는 이 거대한 파도가 복지국가라는 이정표를 만나야 한다고 말이다. 어느새 나는 민주노총에서 처음 접했던 선별 복지 틀을 넘고, 국회에서 배운 복지 재정 지식을 발판 삼아 조금씩 복지국가 논의에 빠져 들고 있었다. 복지 관련 글도 쓰고 토론회도 나가고 대중 강연도 다녔다. 복지국가를 만들어 갈 사람과 세력을 만나고 싶었다.

하지만 역시 벽은 높았다. 기대를 걸었던 복지 민심이 구체적인 세력으로 가시화되지 않았다. 2011년 여름 무려 400여 개 시민노동단체가 참여하는

'복지국가실현연석회의'가 발족했지만 규모와 이름이 무색하게 별다른 활동을 보여 주지 못했다. 복지국가 논의를 앞다투어 주도했던 야당 정치권 역시 실질적인 복지 프로그램을 제시하기보다는 말만 앞세웠다. 결국 2012년 총선에서 복지국가 의제가 퇴조하는 경향마저 나타났다. 역시 복지국가는 멀구나 하는 실망감이 시민들 사이에 퍼져 가는 듯했다. 마침 국내외적으로 재정건전성 프레임마저 부상하고 있어 이러다간 복지국가 꿈이 열매를 맺지 못할 것 같다는 걱정도 생겼다.

무엇이라도 해야겠다는 절박함에 지난 2월 동료들과 함께 '내가 만드는 복지국가'라는 시민단체를 발족했다. 시민사회와 정치권에 요구만 하기보다는 우리가 직접 조그마한 변화라도 만들어야 했다. 풀뿌리 복지 민심의 에너지를 엮고 싶었다.

사실 '내가 만드는 복지국가'는 작은 시민단체이지만 그래도 조직이라고 발족을 위해서 준비해야 할 것들이 꽤 많았다. 우선 무엇을 할 것인지 역할 규정이 필요했다. 지금 복지국가 운동 정세를 어떻게 평가하는지, 각 복지 세력들과 달리 우리가 하고자 하는 과제와 실행 방안은 무엇인지를 논의했다. 우리 스스로 당장 답하기 곤란한 질문들에 대해서 나름의 이론적 논리도 개발하고자 했다.

이렇게 '내가 만드는 복지국가'를 준비하는 과정에서 문득 지난 10여 년

나의 복지 관련 활동을 관통하는 문제의식의 핵심을 깨닫게 되었다. 그것은 내가 기대하고 또 가능하다고 믿는 한국형 복지국가에 조응하는 '주체 형성'이었다. '한국형'인 이유는 역사상 존재하는 유럽형 복지국가와 비교해 우리나라가 개척할 길이 다르기 때문이고, '주체 형성'을 주목한 이유는 복지국가 건설을 과제로 삼는 세력의 형성이 무엇보다 핵심 과제라고 보았기 때문이다. 이번 기회에 지금까지 내가 생각하고 활동해 왔던 것들을 하나의 골격에 짜 맞추어 보고 싶었다. 지난 2, 3년간 여러 곳에 쓴 글, 강연에서 사용했던 교안 등을 '한국형 복지국가 주체 형성'이라는 테마에 맞게 재구성하고 보완한 것이 바로 이 책이다.

이 책은 5부로 구성되어 있다. '서문'에서 복지국가 건설의 핵심이 복지주체 형성에 있다는 점을 강조했다. 복지 민심은 드높으나 이를 구현할 복지주체는 좀처럼 보이지 않는다. 현재 대한민국에서 부족한 것은 경제력이 아니라 복지국가를 추동할 정치력, 이를 담당할 복지주체이다. 이제부터 복지국가 논의는 '정책 수준'을 넘어 '복지 정치'로 나아가야 하고 이 과정에서 '복지주체'가 커 가야 한다고 적었다.

1부 주제는 '복지국가를 어떻게 볼 것인가'이다. 여기서 복지국가를 바라보는 내 나름의 시각을 제시했다. 오랫동안 우리나라에서 복지는 부끄러운 것이었다. 노동시장에서 실패한 사람들이 받는 증표로 여겨졌다. 또 한편에서는 복지가 근본적 변화를 외면하고 현실과 타협하는 개량주의 산물이라는 비판도 있었다. 이젠 둘 다 아니다. 복지국가는 '지금 여기'에서 대한민국 민심이 지닌 아픔과 희망을 담은 상징적 시대 담론으로까지 발전하고 있다.

우선 '보편/선별 복지 논쟁 들여다보기'를 통해 기존 선별 복지 담론이 약화되고 보편 복지 담론이 자라 잡아 가고 있음을 확인했다. 대한민국이 복지국가로 이행하는 데 큰 장벽이었던 '복지를 바라보는 부정적 인식 틀'은 넘어선 셈이다. 하지만 이 과정에서 빈곤계층, 불안정 노동자들의 복지는 더욱 주변화되고 이들이 복지 논의에서 소외되는 한계도 드러났다. 이제는 실제 복지 당사자들이 주체로 나서게 하는 복지국가운동이 필요한 때임을 강조했다.

이어 사회임금을 소개했다. 나는 복지국가를 대중적으로 잘 전달할 수 있는 용어가 '사회임금'이라고 생각한다. 사회임금은 개인이 직접 일해서 얻는 시장임금과 대비해 정부로부터 받는 복지를 의미하는데, 복지국가라는 거시적 틀을 일상생활의 미시적 지표로 알려 주는 장점이 있다. 사회임금의 순위가 곧 복지국가 순위라고 읽어도 무방하다.

또한 역사적 시각에서 복지국가의 위상을 정리해 보았다. 도대체 복지국가는 인류 역사 발전에서 어떠한 의미를 지니는 것일까? 복지국가가 모든 것을 해결해 주는 유토피아는 아니다. 하지만 그곳을 향하는 인류 열망의 역사적 성과임은 분명하다. 스웨덴의 비그포르스가 제시한 '잠정적 유토피아' 개념을 빌려 복지국가를 이해했다.

이렇게 복지국가를 바라보는 시각을 긍정적 담론인 보편 복지, 일상생활 지표인 사회임금, 인류사적 범주인 잠정적 유토피아로 정리한 까닭은 사회 구성원들 스스로 복지국가 운동의 주체로 나서기 위해서는 복지국가에 대한 이해와 확신이 필요하기 때문이다. 지난 2, 3년 대한민국에서 진행된 중요한 성과들이 바로 복지국가를 위한 거름임을 공유하고 싶다.

2부 주제는 '복지국가 재정과 시민 참여'이다. 보편 복지와 선별 복지 인식 틀이 벌인 헤게모니 다툼에서 보편 복지가 우위를 점한 후 논쟁의 2라운드는 복지 재정 방안으로 넘어갔다. 보편 복지 세력의 요구를 모두 실현하려면 2017년 기준으로 연간 55조 원 이상이 필요하다. 이에 당연히 '돈을 어떻게 마련할 것인가'라는 질문이 제기된다.

거의 2년간 복지 재정 방안을 둘러싸고 다양한 의견이 제시되었다. 하지만 아직까지 복지국가 세력이 수긍할 만한 공통의 방안을 내놓지 못하고 있다. 더욱이 '재정지출 개혁이 필요하다', '증세가 불가피하다'는 주장은 있을지언정 이를 실현하기 위한 '재정혁신 활동, 증세 정치'는 찾아볼 수 없다. 이러한 상황에서 일반 시민들이 복지국가 건설을 확신하기 어렵다. 또한 근래 강조되는 글로벌 재정위기와 재정건전성 프레임의 의미를 정리했다. 복지국가 재정 마련이 호락호락한 과제가 아니라는 점을 강조하기 위한 작업이다.

그렇다면 무엇을 할 것인가? 나는 복지국가 실현을 위해서는 주체 형성이 필수적이라고 생각한다. 이에 복지를 바라는 민심이 복지 재정 마련에 직접 나서는 시민 참여 복지국가 재정주권운동을 제안했다. 시민들 다수가 형편에 따라 세금을 누진적으로 내는 '소득별 보편 증세'를 통해 부자들을 압박하고 복지국가를 실제 구현할 대중적 주체들을 형성하자는 취지이다. 종래의 '내라!' 에서 '내자(낼 테니 내라)!'로 옮겨 가자는 것이다.

이 재정주권운동은 복지 재정 마련뿐만 아니라 대한민국 국가 인프라를 혁신하는 작업이기도 하다. 세금을 기꺼이 내려는 시민들이야말로 가장 강력히 재정지출 개혁, 과세 인프라 구축 등 세금정의 세우기 목소리를 낼 수 있다. 올해 대선 결과와 무관하게 시민 참여 재정주권운동이 필요한 이유이다.

복지국가는 한번 맛보는 것으로 그쳐서는 안 된다. 우리뿐만 아니라 후세대까지 누려야 할 지속가능한 체제여야 한다. 대한민국이 복지국가 건설과정에서, 또한 건설 이후에도 직면할 가장 큰 도전이 고령화이다. 고령화는 노동시장에서 경제활동인구 비중을 줄이면서 동시에 의료와 연금 지출을 대폭 증대시킨다. 지금도 OECD 국가들의 복지지출 중 3분의 2가 의료와 연금 복지에 나가고 있는데 고령화가 진행될수록 이 비중은 커질 것이다.

이에 3부와 4부에서 복지국가의 핵심 기둥인 의료, 연금 복지를 각각 다루었다. 지금도 정부는 2050년이면 의료와 연금의 자연증가로 우리나라 복지 지출이 현재 선진국 수준에 도달할 것이라고 말한다. 무리하게 복지 확대를 위한 제도 변화를 추진하면 미래 재정 불안이 생길 것이라는 우회적 경고이다.

두 마리의 토끼를 잡아야 한다. 현재와 같은 부끄러운 대한민국 복지 수준을 방치할 수는 없다. 복지를 대폭 늘려야 한다. 동시에 의료, 연금 지출을 합리화할 수 있는 제도 개혁이 수반돼야 한다. 이를 위해서는 의료, 연금 복지를 사회구성원 모두가 책임지는 의식의 변화가 필요하다. 시민 모두가 의료, 연금 복지 재정을 마련하고 동시에 지출 낭비를 줄이는 작업에 나서는 복지주체가 되어야 한다.

3부 '병원비 걱정 없는 사회'는 무상의료를 실현하기 위해 가입자가 주도적으로 국민건강보험료 인상에 나서자고 제안했다. 종래의 기업과 정부에 추가 재정을 책임지라는 방식에서 벗어나 가입자도 함께 나서는 시민 참여 재정주권운동이다.

현재 우리나라 의료기관의 90%를 민간이 운영한다. 그만큼 상업적 의료가 행해지고 의료지출 낭비도 방치되고 있다. 어느 곳보다도 강력하게 직능별 이해관계망이 뿌리를 내리고 있는 의료 영역에서 어떻게 제도 개혁이 가능할까? 진료를 받고 병원비를 내야 하는 시민 스스로가 주체로 나서야 한다. 우리가 재정을 마련하고 이를 근거로 기업과 정부에 책임을 요구해야 한다. 의료지출이 새지 않도록 의료수가제도 개혁에도 가입자가 나서고 공공의료기관을 확충하고 주치의제도를 도입하는 데도 앞장서야 한다. 가능할까? 유럽 국가에서 이미 시행되고 있는 일이다. 영국 NHS(국민의료제도) 탐방에서 얻은 경험을 근거로 나의 희망을 제시했다.

4부 '노후 걱정 없는 사회'는 고령화시대의 근심거리인 노후복지를 시민들의 사회연대로 해결해 가자는 제안을 담고 있다. 근래 국민연금에 대한 사회적 신뢰가 조금씩 생겨나고 있다. 연금 급여가 괜찮기 때문이다. 오죽하면 강남지역 주부들이 자발적으로 국민연금 가입원서를 내겠는가? 그런데 국민연금의 현재와 미래 각각에 그늘이 존재한다. 현재는 국민연금 제도 밖에 놓인 사각지대 사람들이 너무 많고, 미래에는 후세대들이 막대한 재정 부담을 떠안을 개연성이 크다. 지금은 세대 내부에서, 앞으로는 세대 간의 형평성 문제를 안고 있는 게 국민연금이다.

고령화시대 노후복지 비용이 커지는 건 불가피한 일이다. 모두가 함께 이 과제를 푸는 데 힘을 합해야 한다. 이에 나는 국민연금 사각지대에 놓인 불안정 노동자들을 위해 가입자, 기업, 정부가 함께 보험료를 지원하자고 제안했다. 이 과정에서 국민연금 제도 내부자와 외부자, 즉 '정규직' 노동자와 '비정규직' 노동자의 연대가 형성되기를 바란다. 보험료 기여와 무관하게 지급되는 기초노령연금의 인상도 사회연대의 가치에 토대를 둔 노후 대응 전략이다. 국민연금의 재정구조가 안정되기 위해선 노동시장 개혁으로 노인의 경제활동 참가도 높아져야 한다. 결국 고령화로 인한 노후복지 문제는 인구학적 문제라기보다는 시민들이 이 과제를 어떻게 대응하느냐가 더 중요한 사회정치적 과제임을 강조했다.

국민연금기금이 자꾸만 늘어나는 것도 부담스러운 일이다. 어디엔가 투자해야 하는데 금융시장 논리에만 휘말릴 경우 공적 연기금이 오히려 공공성을 훼손하는 역할을 할 수 있다. 이에 기존 수익 중심의 기금 운용에서 사회적 투자로 시야를 넓힐 것을 제안했다. 이 역시 국민연금기금의 공공성을 주목하는 가입자들이 의사결정의 주체로 나설 때 비로소 가능한 일이다.

5부 주제는 '누가 대한민국 복지국가를 만들 것인가'이다. 복지국가를 만드는 건 사람이다. 서구 복지국가와 정치경제적 여건이 다르다면 우리 방식의 복지주체 형성의 길은 무엇일까? 주체 형성은 사회구성원들이 스스로의 역할을 자임하는 의식화 과정이다. 그래서 복지 정치가 중요하다. 수사로만 남는 복지 정책이 아니라 시민들이 직접 참여하고 체험하는 복지 정치가 필요하다.

그런데 전통적인 복지주체 세력인 진보정당과 노동조합이 취약하다. 이들의 분발이 절실하다. 그렇다고 이들이 기지개 펴기만을 마냥 기다릴 수는 없다. 조직화되어 있다는 점에서 진보정당과 노동조합이 전통적인 경성 권력자원이라면 이와 대비되는 연성 권력자원이 있다. 2008년 촛불, 2010년 무상급식, 2011년 희망버스 등에서 확인되듯이, 지난 몇 년간 대한민국을 흔든 건 행정 권력이나 의회 권력이 아니라 손에 잡히진 않지만 강력한 에너지를 지닌 민심이었다. 또한 아직은 미약하지만 수십만 명에 달하는 사회복지사, 복지를 받는 수백만 명의 현재 수급자와 차상위 계층, 사회보험 사각지대에서 차별당하고 있는 노동인구 절반의 불안정 노동자들도 있다. 근래 협동조합, 사회적 기업 등 지역 풀뿌리 네트워크도 활력을 지닌 주체로 커 가고 있다. 이렇게 아직 세력화되지 않았지만 막대한 잠재력을 지닌 연성 권력자원에 주목하고 싶다.

누가 복지국가를 만들 것인가? 지난 반세기 묵은 틀을 깨고 대한민국이 복지국가로 도약하기 위해서는 연성 권력자원의 선도적 역할이 중요하다. 연성 권력자원의 힘이 구현되고 여기에 비로소 경성 권력자원이 화답해 가는 '한국형' 복지국가 주체 형성 과정을 그려 보았다.

이 책의 내용은 '내가 만드는 복지국가'가 없었으면 채워지지 못했을 것이다. 함께 열심히 활동하고 거친 원고까지 진지하게 토론해 준 '내가 만드는 복지국가' 운영위원들께 감사드린다. 내 조그만 집에는 한 살 훈이, 다섯 살 수민이, 아내 박미리가 산다. 늦장가 든 나에게 행복을 만들어 주는 사람들이다. 사랑하는 가족이, 그리고 우리 이웃들이 꼭 복지국가에서 살았으면 좋겠다.*

2012년 10월 30일

오건호

* 이 책을 만드는 데 필자의 기존 칼럼과 원고 등이 활용되었다. 칼럼은 2011~2012년 『한겨레 21』에 연재된 「오건호의 복지부동」과 『경향신문』, 『시사인』, 『프레시안』 등에 실린 것들이고, 기존 원고의 출처는 다음과 같다.
「사회임금으로 복지국가 상상하기」, 강수돌 외, 『리얼 진보 : 19개 진보 프레임으로 보는 진짜 세상』 2010, 레디앙.
「지속가능한 복지국가 건설과 복지주체 형성」, 김상곤 엮음, 『더불어 행복한 민주공화국』, 2012, 폴리테이아.
「글로벌 재정위기, MB 재정건전성, 그리고 보편 복지 재정」, 글로벌정치경제연구소 이슈페이퍼 2012-02.
「국민연금기금의 사회책임투자 현황과 과제」, 한국사회복지정책학회 2012 춘계학술대회.
「복지국가 실현을 위한 복지 재정전략」, 사회공공연구소 연구보고서 2011-03.
「국민연금기금, 누가 어떻게 운용할 것인가?」, 사회공공연구소 연구보고서 2008-01.

{ 차 례 }

{ 서 문 }

문제는 복지주체이다

2000년대 후반부터 복지를 주제로 강연할 때마다 청중에게 하는 질문이 있다. "여러분이 은퇴하기 전까지 우리나라가 복지국가가 되리라고 자신하세요?" 생각할 시간을 주기 위해, 복지국가라 함은 스웨덴처럼 교육비, 병원비, 노후 걱정 없이 사는 나라라고 설명을 곁들인다. 안타깝게도 손을 드는 사람이 거의 없다. 내가 강연장에서 만나는 사람들은 주로 지역 복지 활동가, 시민단체 회원, 노조 조합원, 사회복지학과 대학생 등 우리나라에서 가장 적극적으로 복지국가를 지지하는 사람들이다.

이어 내가 말한다. "복지 일선에 있는 우리조차 자신하지 못한다면, 우리 아이들에게 복지국가를 물려주긴 어렵겠네요…." 분위기가 다소 무거워진다. 청중을 탓하려는 질문이 아니다. 우리가 처한 현실을 확인하려는 내 나름의 강연 절차이다. 복지국가를 향한 '꿈'과 우리가 서 있는 '현실' 사이의 거리를 확인한다.

대한민국 복지국가, 가능할까요?

이제 이런 이야기는 과거의 것이 되었다. 2010년 이후 보편 복지 논쟁이 부상하고 나서 내 질문에 몇몇이 손을 들기 시작했다. 어떤 때는 절반 가까이 될 때도 있다. 이럴 때에는 강연장에도 복지국가를 향한 기대가 넘친다. 단지 복지를 공부하는 자리가 아니라 복지국가를 꿈꾸는 희망터가 된 듯하다. 이전에는 상상하지 못한 일이다. 무엇이 바뀌었을까?

2010년 지방선거를 전후하여 무상급식 논쟁이 일어났다. 처음에는 초등학교 5, 6학년 어린이에게 주는 점심 급식일 뿐이었다. 그런데 이 점심 한 끼가 대한민국 시민들에게 '복지 체험'을 선사하며, 복지가 가난한 집 아이들만이 아니라 모두가 누려야 할 권리라고 일깨웠다. 사회복지 전공자들만 주고받던 '보편 복지'라는 말을 순식간에 세상에 퍼뜨리더니, 어느새 정당마다 복지국가를 대한민국 미래상으로 제시한다. 복지를 이야기하면 성장의 발목을 잡는다고 우려하던 새누리당마저 '맞춤형' 형용사를 붙여 복지국가 대열에 합류하고 있다.

이 급격한 변화를 무엇으로 설명해야 할까? 무엇이 수강생에게 복지국가를 실현 가능한 꿈으로 여기게 하고, 정치권이고 시민사회고 할 것 없이 복지국가를 이야기하도록 했을까?

우리가 복지를 맛보기 시작했다. 바로 무상급식이다. 금액으로 치면 월 5만 원밖에 안 되는 작은 복지이지만, 모든 아이가 떳떳하게 누리는 사회적 급여이다. 내친김에 무상보육까지 등장했다. 지방 재정 부족으로 인해 논란이 있었지만 0~5세 아이들의 보육 서비스도 무상복지로 자리 잡아 가고 있다.

모델 사례와 복지 체험의 위력

'모델 사례와 복지 체험!' 강연할 때마다 내가 강조하는 단어다. 복지국가
꿈은 그에 걸맞은 복지 재정을 확보하고 정책 로드맵을 갖추었을 때만 커
가는 것이 아니다. 이보다 더 중요한 힘은 복지 체험을 통해 사람들이 갖게
되는 열망과 자신감이다.

돌이켜 보면, 이명박 대통령의 집권에도 '모델 사례'는 위력을 발휘했다.
과연 그를 지지한 서울 강남 주민은 지인들이 모인 행사장에서 "난 아파트
값을 올려 줄 후보를 찍었다"고 공공연하게 말할까? 마음속 계급적 본능이
야 그러하겠지만, 공중이 보는 앞에서는 '사회적으로 바람직한' 이유를 밝
혀야 한다. 이명박 후보는 아파트값 상승 기대에 가슴이 부푼 그에게 열린
광장에서 발언할 그럴듯한 근거를 제공했다. 지금까지 어느 서울시장이 서
민을 중심에 두고 대중교통 체계를 개편한 적이 있는가? 서울 도심에 개울
을 만들어 시민의 숨통을 틔워 준 적이 있는가?

2007년 대선에선 이명박 후보 외에 민주당 정동영 후보, 민주노동당 권영
길 후보가 있었다. 정동영 후보가 '대한민국 정통 야당'의 대표자임을 강조
하고 권영길 후보가 유일한 '노동자 서민의 벗'이라 자임해도 국민의 마음
을 움직이는 데 '체험'만큼 강한 건 없다. 서울 시민들은 아침저녁으로 지하
철역 게이트에서 나오는 "환승입니다!"라는 기계음에서 "이명박입니다!"를
확인하고 있다. TV 뉴스에 나온 청계천 영상을 통해 서울의 청명한 하늘을
보고 있다. 그런데 이상한 일이다. 왜 사람들은 이명박 후보에게 청계천을
관리할 서울시설관리공단 이사장, 교통 체계를 감독할 국토해양부 장관이

아니라 나라를 운영하는 대통령직을 기꺼이 부여했을까? 이것이 '모델'의 힘이다. '체험'의 위력이다. 대중 정치의 역동성이다.

시민사회와 진보진영엔 무상급식이 있다. 아이들 점심이 2010년 지방선거를 가르는 심판자가 되었다. 무상급식은 진보세력이 일군 흔치 않은 성과다. 당위적이고 근본적인 진보 담론에 식상한 시민들에게 그래서 더욱 신선하다. 이 조그만 체험이 우리에게 '언젠가는 대한민국도 복지국가가 가능하다는 희망'을 주기 시작했다. 강연장의 사람들이 하나 둘씩 손을 들기 시작한 이유이다.

무상급식은 여기에 머물지 않았다. 한국 사회에 순식간에 복지 바람을 일으키더니 어느새 대학 강단에서나 쓰일 법한 '보편 복지' 담론을 불러왔고 마침내 국가 운영 체제로서 복지국가론까지 등장시켰다. 2012년으로 접어들면서 양대 선거에서 대한민국의 질적 전환을 기대하는 사람들은 '2013년 체제' 담론도 만들어 냈다. 대한민국의 새로운 시대를 그리는 포부와 기대가 넘쳐났다.

그런데 2012년 4월 총선을 전후로 우려할 만한 조짐이 엿보이기 시작했다. 총선에서 진취적인 복지국가 의제가 국민들의 관심거리로 떠오르리라 기대했건만 '복지 논의'는 거의 실종되었고, 새누리당을 비롯한 보수세력이 의석 과반수를 점유해 버렸다. 이러한 상태에서는 다가오는 대통령선거에서 야권이 집권하더라도 '2013년 체제' 담론이 기대했던 것만큼 대한민국이 획기적으로 달라질 것 같지 않다.

특히 복지국가 의제가 수면 아래에 갇혀 있다. 지난 총선 기간 중에 간혹

선보인 복지 공약 공방에서조차 보편 복지를 주창하는 야권이 오히려 수세에 몰렸다. 예를 들어, 민주통합당은 복지 공약을 적극적으로 내세우기는커녕 기획재정부와 여당으로부터 복지 공약 재정 방안이 부실하고 과소 추계되어 있다는 공격을 받았다. 복지가 지난 2년간 보편 복지 세력이 주도권을 가졌던 의제였다는 점을 생각하면 총선 전후에 형성된 복지 논의 지형 변화는 우려를 낳기에 충분하다. 예상 밖의 일이다. 복지는 지난 2년 시민들의 열망으로 만들어진 의제였는데, 오히려 보수세력의 역공에 시달리다니.

복지 정치와 복지주체 형성

왜 2012년 들어 복지 의제가 가라앉고 있는가? 나는 커져 가는 '복지 민심'에 비해 이를 반영할 '복지 정치'가 펼쳐지지 않는 것이 근본 원인이라고 생각한다. 복지 민심과 복지 정치 사이의 괴리가 크다. 복지를 바라는 시민들의 열망은 높으나 정작 이를 구현하기 위해 나서는 시민 주체는 찾아보기 어렵고, 정당마다 복지국가를 당론으로 정하고 있으나 실행 프로그램은 제시하지 않고 '구호'로만 그치고 만다.

대한민국이 복지국가로 발전하기 위해선 무엇이 급선무일까? 경제가 더 성장해야 하나? 아니다. 대한민국은 이미 복지국가를 이룰 만큼 경제력이 충분하다는 게 나의 판단이다. 문제는 정치력이다. 대한민국에 존재하는 경제적 자원을 사회구성원들이 공유하도록 전환하는 정치력이 부족한 탓에 우리는 여전히 부끄러운 복지에 머무르고 있다. 정치력은 그것을 행하는 주체의 문제다. 그렇다! 대한민국을 복지국가로 만들 주체 세력이 필요하다. 보편 복지를 바라는 시민들이 대중적 복지주체로 나설 수 있느냐 여부가 대한민국 복지국가 실현 여부를 결정하는 관건이다.

물론 복지국가로 가기 위해선 넘어야 할 산들이 많이 있다. 복지 재정을 마련해야 하고, 복지 공급 체계도 민간에서 공공 중심으로 바뀌어야 하며, 복지국가의 지속가능성을 위해선 안정적인 일자리도 뒷받침되어야 한다. 그런데 정작 이 모든 일을 추진하려면 주체가 있어야 한다. 대중적 복지 세력이 존재해야 한다. 복지국가로 가는 길을 가로막고 있는 제도적 장벽과 정치적 저항을 뚫고 나갈 주체 말이다.

이 책이 강조하는 주제는 대한민국이 복지국가로 나가는 데 필요한 복지주체 형성이다. 지금까지 우리나라에서 복지국가 논의는 대부분 복지 담론, 복지 정책을 중심으로 진행되어 왔다. 그래서 외국의 복지 정책을 소개하거나 시민들이 바라는 보편 복지 요구를 정리하는 게 대부분의 작업이었다. 이제 우리가 던져야 할 핵심 질문은 '어떤' 복지국가에서 '어떻게' 복지국가를 건설할 것인가로 한발 더 나아가야 한다. 복지 정책을 넘어 복지 정치로 옮겨가야 하고, 이 과업을 수행할 '복지주체 형성'을 이야기해야 한다.

복지국가를
어떻게 볼 것인가

복지국가를 어떻게 볼 것인가

우리 아이들이 복지국가가 무엇이냐고 묻는다면 어떻게 대답할까? 지난 반세기 동안 대한민국에서 익숙한 답은 '우리나라와는 동떨어진 외국 사례'일 뿐이었다. 그러나 이제는 답이 달라지고 있다. 복지국가는 조만간 우리가 만나야 할 사회, 아이들에게 전해 줄 미래 선물이다. 이 소중한 선물의 내용을 쉽게 설명할 순 없을까?

1장에서는 복지국가에 대한 기본 이해를 위해 지난 보편/선별 복지 논쟁을 들여다본다. 이 논쟁은 대한민국에서 처음으로 복지를 적극적인 것으로 인식하게 만든 큰 성과를 남겼다. 이제 복지는 실패한 사람들의 증표가 아니라 모두가 누려야 할 권리로 자리 잡고 있다. 이 과정에서 공공부조, 사회보험, 사회서비스 등 복지제도 유형에 대한 학습 효과도 거두었다. 하지만 이 논쟁에서도 한계가 있었다. 복지국가 운동에 주요 주체여야 할 빈곤계층, 불안정 노동자들은 여전히 아무런 목소리를 낼 수 없었다.

2장은 사회임금 용어를 통해 복지국가를 이해한다. 사회임금은 기업에서 받는 시장임금과 대비되는 용어로 중앙정부, 지자체로부터 받는 복지급여의 합이다. 사회임금이 클수록 노동시장에서 불안정한 지위에 있더라도, 설령 정리해고를 당하더라도 가계가 파탄나지 않을 수 있다. 이는 우리가 사는 공동체가 제공한다는 점에서 사회연대망이기도 하다. OECD가 발간한 재정통계를 토대로 사회임금 수치를 계산해 정리했다.

3장은 '잠정적 유토피아'라는 개념을 통해 복지국가의 인류사적 위상을 살펴본다. 어떠한 사회상이 힘을 가지려면 역사적 의미가 필요하다. 복지국가는 한 나라의 특정한 운영체제이면서 동시에 인류 사회가 추구하는 미래상이기도 하다. 1930, 40년대 스웨덴이 복지국가로 발돋움하던 시기에 중요한 역할을 했던 에른스트 비그포르스는 복지국가를 잠정적 유토피아라고 정의했다. 복지국가, 우리의 잠정적 유토피아이다.

01

보편/선별 복지 논쟁 들여다보기

얼마 전까지 우리나라에서 '복지는 가난한 사람에게 지급되는 시혜이고 경제에는 도움이 되지 않는 비효율적 지출'이라고 말하는 사람들이 꽤 있었다. '복지는 공짜' 물건이고 시장 경쟁에서 실패했다는 증표로 간주되는 분위기였다. 이처럼 복지를 부정적으로 바라보았기에 한국에서 복지국가가 가능하지 않을 것이라는 회의론이 강한 건 당연한 일이었다.

지난 2010년 지방선거 이후 진행된 보편/선별 복지 논쟁은 우리에게 뿌리 깊게 박혀 있던 이러한 복지 인식 틀을 바꾸는 과정이었다. 복지를 감싸는 소극적이고 부끄러운 구름들이 서서히 걷혀 갔다. 이제 시민들은 복지를 비효율적인 낭비가 아니라 사회 발전에 기여하는 영양제로 여기기 시작했다. 이는 대한민국에서 복지국가 꿈꾸기를 비로소 가능하게 만든 대단한 성과이다. 그럼에도 논쟁이 남긴 한계도 있다. 보편/선별 복지 논쟁의 성과와 한계를 들여다보자.

복지에 대한 적극적 인식 틀이 생겨나다

2009년 경기교육청 보궐 선거에서 당선된 김상곤 교육감은 '보편 복지'의 입장에서 '무상급식' 전면화를 추진했다. 반면 한나라당과 보수세력은 제한된 재원으로 부잣집 아이들까지 무상급식을 실시하는 건 적절치 않다며 저소득 계층에 한정된 '선별 복지' 방식을 고수했다. 급식의 기본권적 특성을 강조하는 보편 복지와 제한된 재원을 감안하여 일부 계층에만 복지를 제공하자는 선별 복지 간의 논쟁이 불꽃을 뿜었다. 사실 양자 모두 나름 그럴듯한 논리를 가지고 있다. 보편 복지는 모든 계층의 무차별 복지를 통해 복지와 세금의 수용성을 높이자는 목표가, 선별 복지는 제한된 재원을 합리적으로 배분한다는 취지가 담겨 있었다.

여기서 주목할 점은 양 복지가 만들어 내는 인식 틀의 차이이다. 일부 계층에만 제공되는 선별 복지에서는 시민들이 복지를 자신의 권리로 받아들이기 어렵다. 여기서는 '약한 복지/약한 재정'의 순환고리가 자리 잡을 개연성이 높다. 그동안 대한민국이 걸어온 길이 그렇다. 심지어 복지를 받는다는 것이 자신의 경제적 지위가 낮거나 혹은 실패자라는 사실을 방증하는 것이기에 복지에 대한 부정적 이미지마저 만들어 낸다. 반면 보편 복지는 계층을 떠나 사회구성원 모두가 함께 누려야 할 권리로 복지를 바라본다. 여기서는 복지에 대한 긍정적 이미지가 형성되고 복지 수혜와 복지 기여가 적극적으로 선순환되는 '강한 복지/강한 재정'의 길이 뚫릴 수 있다.

대한민국 건국 이래 반세기 이상 우리를 지배해 온 것은 선별 복지 인식 틀이었다. 2000년대 초반 사회단체에서 일하던 시절, 나는 '복지는 시혜가 아니라 권리'라는 문구를 여러 번 성명서에 적었다. 그런데 솔직히 내 스스로 이 주장을 체감하기가 어려웠다. 시민들은 복지를 부끄러운 것으로 여겼고, 자신은 대상자가 되지 말아야 한다고 여겼다. 기초생활보장 수급자라는 사실에, 공공 임대주택 단지에 산다는 이유로 자식들은 기가 꺾였다. 선별 복지 체제가 낳은 낙인 효과다.

　그런데 이 인식 틀이 바뀌고 있다. 보편 복지 담론이 부상하고 무상급식, 무상보육 등이 확대되면서 사람들이 복지를 적극적인 것으로 바라보기 시작했다. 복지를 바라보는 인식 틀에서 역사적인 변화가 생긴 게 분명하다.

　그럼에도 여전히 보편 복지에 대한 이해가 충분하지 않은 게 현실이다. 보편 복지를 지지하는 사람들도 솔직히 보편/선별 복지 논쟁이 헷갈린다고 이야기하는 경우가 많다. 오랜 선별 복지 체제에서 갑자기 보편 복지가 사회적 논란 과정에서 등장한 탓이다.

　내가 참석한 어느 사회복지학계 학술대회에서 중년의 교수가 정치권의 보편/선별 복지 논쟁에 불만을 토로했다. 보편/선별 잣대가 복지 전체를 선악 이분법으로 단순화하고 있다는 게 비판의 요지다. 이는 내가 복지 강연에서 종종 받는 질문이기도 하다. 무상급식을 보편 복지 방식으로 시행하자는 것에 찬성하지만, 보편 복지로 설명하기 힘든 복지가 여럿 있어 혼란스럽다는 것이다. 예를 들어, 현재 70% 소득 계층까지만 적용되는 기초노령연금은 보편 복지인가, 선별 복지인가? 가난한 사람들에게 주어지는 기초생활보장급여는 선별 복지일 텐데, 이는 바람직하지 않은 복지인가? 보수세력이 선별/보편이라는 이분법적 개념에서 벗어나 맞춤형 복지, 생활 복지 등을 내세우는데 그럴듯하지 않은가?

복지의 세 가지 유형과 논점

사실 보편 복지는 대학 강의실에서 주로 쓰일 법한, 개념적이고 학술적인 용어다. 그런데 무상급식이라는 아이들 점심 논란이 보편 복지라는 담론을 일상생활 공간까지 퍼뜨려 버렸다. 복지에 목마른 민심, 대한민국의 역동성을 보여 주는 상징적인 현상이다.

사전적으로만 보면, 용어 정의는 간단하다. 보편 복지는 차별 없이 모두에게 주어지는 복지이고, 선별 복지는 특정 기준에 따라 일부에게만 제공되는 복지이다. 이때 기준은 소득과 자산을 포함하는 경제적 능력이다. 학교 재정이 모든 아이의 급식 비용을 충당한다면 이는 보편 복지이고, 가난한 집 아이들에게만 급식비를 면제한다면 이는 선별 복지이다. 기초노령연금도 가난한 노인에게만 제공하면 선별 복지이고, 모든 노인에게 지급하면 보편 복지이다.[1]

나라마다 복지 제도가 다르고 종류도 다양하다. 그래서 복지 제도들을 일

---

[1] 사회복지학계 일부에서는 잔여주의residualism와 선별주의selectivism를 구분해 전자는 자산조사를 통해 하위 계층에게만 주는 복지, 후자는 장애인, 노인 등 사회인구학적 특성을 따져 지급하는 복지로 이해하기도 한다. 하지만 우리나라 보편/선별 복지 논쟁에서 선별 복지는 자산조사를 통해 일부에게만 지급되는 잔여복지와 같은 의미로 사용되었고, 이 글도 그러하다.

목요연하게 정리하기가 쉬운 작업은 아니지만, 크게 보면 세 가지 유형으로 나눌 수 있다. 첫째는 기초생활보장급여 · 의료급여 · 자활 지원 등 빈곤 계층에만 제공되는 공공부조이다. 애초 공공부조는 자본주의 초기 영국에서 교회나 지역사회가 빈민들을 위해 벌인 구빈사업에서 시작되었는데, 점차 그 역할이 정부로 넘어오면서 국가의 복지사업이 되었다. 당연히 공공부조는 경제적 능력을 기준으로 제공 여부가 결정되므로 선별 복지에 해당한다.

둘째는 고용보험 · 국민건강보험 · 산재보험 · 국민연금 등 사회보험이다. 자본주의 시장 경제에서 노동자는 자신의 노동력을 기반으로 살아가지만 노동력이 항상 제대로 행사될 수 있는 것은 아니다. 일자리를 잃을 수도 있고, 아프거나 다칠 수도 있으며, 언젠가는 노동시장에서 은퇴해야 한다. 이렇게 노동시장에서 피할 수 없는 위험에 대비하기 위한 것이 사회보험이다. 모두가 이 위험에서 자유롭지 못하므로 보편 복지 방식으로 설계되는 게 바람직하다. 우리나라에서 노동자라면 4대 사회보험에 의무적으로 가입해야 하고, 자영업자도 국민건강보험과 국민연금에 가입해야 한다.

셋째는 사회서비스와 사회수당이다. 이 복지들은 사회보험과 비교해 주로 노동시장 외부에 있는 사람들이 대상이고, 재정이 주로 세금으로 조달된다는 특징을 지닌다. 노동시장에 진입하기 이전인 유아와 학생, 그리고 장애인이나 노인에게 제공되는 복지인데, 급식과 보육처럼 사회서비스 방식으로 지급되기도 하고, 아동수당, 장애인연금, 기초노령연금 등 사회수당 방식으로 제공되기도 한다(학자에 따라 사회서비스와 사회수당을 구분해 복지 유형을 네 가지로 정리하기도 한다).

<표 1> 우리나라 복지 유형 및 논점

구분	제도	특징	적용 과정	논점	과제
공공부조	기초생활보장, 자활지원 등	취약 계층	상향식	급여 수준	재정 확충
사회보험	연금, 의료, 고용, 산재 등	모든 계층	하향식	사각지대	노동시장 개혁
사회서비스, 사회수당	급식, 보육, 아동수당, 기초노령연금 등	모든 계층	상향식	보편/선별 여부	재정 확충 인프라 공공화

이러한 구분에 따르면, 공공부조는 원래 저소득 계층을 대상으로 지급되는 선별 복지 성격을 지니기에 보편/선별 복지 논쟁의 대상이 아니다. 대신 공공부조에서 제기되는 논점은 급여 수준이 적절한지, 지급 대상에서 제외되는 사각지대 계층은 없는지 등이다. 반면 사회보험과 사회서비스 · 사회수당은 제도를 어떻게 설계하느냐에 따라 보편/선별 논쟁이 벌어질 수 있다. 우리나라에서 논쟁이 벌어진 곳도 급식, 보육 등 사회서비스 영역이다.

나는 노동시장에서 일하는 모든 사람에게 해당되는 사회보험은 당연히 보편 복지 방식으로 운영되어야 한다고 생각한다. 실제 우리나라 사회보험도 원리로는 모든 노동자를 대상으로 삼는 보편 복지를 지향한다. 사회서비스 역시 모든 계층의 아동, 장애인, 노인 등에게 해당될 수 있다는 점에서 보편 복지로 나아가야 한다.

우리나라 논쟁 과정을 보면 선별 복지는 악이라는 기조가 깔려 있는데, 선별 복지가 항상 부정적인 것은 아니다. 예를 들어, 공공부조는 애초 선별 복지 특성을 지닌 복지이기에 이것을 비판적으로 보는 것은 곤란하다.

보편/선별 논쟁의 대상은 공공부조가 아니라 사회보험, 사회서비스 · 사회 수당이다. 보편 복지로 발전할 수 있는 이 복지들이 선별 방식으로 제공될 때 논쟁이 생기게 된다.

예를 들어, 『한겨레』가 안철수 원장이 『안철수의 생각』에서 '선별과 보편의 조합'을 주장하므로 안 원장의 복지관을 선별과 보편의 중간으로 평가하데 이는 용어의 이분법에서 비롯된 대표적 예로 볼 수 있다.[2] 안 원장은 재정 여건에 맞춰 보편과 선별을 합리적으로 구분해 전략적 조합을 만들어야 하며 "우선 장애인이나 극빈층 등 긴급한 지원이 필요한 취약 계층 대상의 복지를 우선적으로 강화하고, 동시에 지금부터 보육, 교육, 건강, 주거 등 민생의 핵심 영역에서는 중산층도 혜택을 볼 수 있는 보편적 시스템"을 구축하자고 제안한다. 내가 보기에 이 주장은 선별/보편의 개념을 균형적으로 이해한 제안으로 여겨진다. 선별/보편 논쟁 구도에서 보면, 안 원장은 "보육, 교육, 건강 등 민생의 핵심 영역에서는 중산층도 혜택을 볼 수 있는 보편적 시스템을 단계적으로 도입하자"는 보편 복지론의 입장에 분명히 서 있다.

사회서비스 · 사회수당에서 보편/선별 논쟁이 생기는 이유

보편 복지는 어떻게 존재하는가? 초기에는 재정 여력, 제도 인프라 등에서 한계가 있기 때문에 보편 복지도 단계적으로 도입될 수 있다. 이러한 경우, 사회보험은 하향식, 사회서비스 · 사회수당은 상향식 경로를 밟는 게 보

---

2) "안철수, 복지는 '중간' 증세는 '가장 왼쪽'", 『한겨레』, 2012. 7. 24.

통이다. 즉 사회보험은 보험료 부담 능력이 있는 상위 계층부터, 사회서비스는 정부 예산을 고려해 하위 계층부터 급여가 주어진다.

우리나라의 예를 보자. 국민건강보험은 도입 첫해인 1977년에는 500인 이상 대기업 사업장만이 가입 대상이었다. 이후 점차 중소기업으로 확대되었고, 1989년 도시 지역까지 포괄하며 비로소 전 국민 의료보험으로 자리 잡았다. 국민연금은 1988년 10인 이상 사업체에서 시작해 1999년 도시 지역으로 확대되었고, 2003년부터 5인 미만 사업장에도 적용되고 있다. 반대로 사회서비스인 급식이나 보육료 지원은 저소득 계층부터 시작해 70% 계층 단계를 지나 이제 전 계층 무상보육으로 이르고 있고, 기초노령연금도 도입 첫해인 2008년 노인의 60%에서 지금은 70%로 확대되었다.

비록 단계적 경로를 밟지만 보편 복지로 순조롭게 성장하면 얼마나 좋을까? 대한민국 현실은 그렇지 못하다. '4부'에서 살펴볼 텐데, 국민연금은 꽤 괜찮은 노후 복지 제도지만, 성인 인구 중 절반이 비경제활동인구이거나 보험료를 낼 여력이 없는 까닭에 국민연금 사각지대에 놓여 있다. 고용보험의 경우에도 비정규직 노동자의 가입률이 30%대에 머물러 있다. 보편 복지로 설계된 사회보험 적용이 하위 계층까지 내려가지 못하고 정체돼 있는 것이다. 우리나라 사회보험은 제도 원리로만 보면 보편 복지이지만 현실에서는 취약 노동자를 배제해 오히려 계층 간 역진적 효과를 내고 있다. 족보는 보편 복지이지만 실제는 더 어려운 사람들을 사각지대로 내모는 '거꾸로 선 선별 복지' 역할을 하고 있는 셈이다.

사회서비스 · 사회수당 영역도 아직 보편 복지로 뿌리를 내리지 못한 상태이다. 가입자의 보험료 부담 능력의 영향을 받는 사회보험과 달리, 사회서비스·사회수당은 대체로 국가 예산에 의존한다. 이에 하위 계층부터 복지가 제공될 경우, 항상 예산이 제약되어 있다 보니 수혜 대상을 두고 정치적 논쟁이 발생할 개연성이 높다. 보수 진영은 예산 제약을 이유로 복지 제공을 지금의 수준으로 묶어 두려 하고, 진보 진영은 가능한 한 대상을 넓혀 보편 복지로 완성하려 한다. 우리나라에서 급식·보육·기초노령연금 등 사회서비스·사회수당 영역이 보편/선별 논쟁의 대상이 된 것도 같은 이유이다.

현재 우리나라에선 복지가 각각의 자리를 지키고 있지 못하다. 애초 선별 복지인 국민기초생활보장, 공공 임대주택 등은 절대적 빈곤 계층도 제대로 포괄하지 못하는 빈약한 공공부조로 머물러 있다. 사회보험 복지는 오히려 하위 계층을 배제하는 '역진적' 복지에 머물고 있다. 사회서비스·사회수당 복지는 근래 개선되고는 있지만 여전히 보편/선별 논쟁의 중심에 있다. 그래서 70% 계층에만 주어지는 보육료 지원, 기초노령연금은 보편 복지론자에게는 '아직 완성되지 않은 보편 복지'이고, 선별 복지론자에게는 여전히 '예산 지출을 왜곡하는 선별 복지'이다.

이제부터 각 복지는 자신이 지향하는 유형에 맞게 자리 잡아 가야 한다. 기초생활보장급여는 선별 복지로서 저소득 계층의 최저 생활을 보장해야 하고, 사회보험과 사회서비스·사회수당은 사회구성원의 필수품으로 보편 복지로 뿌리내리는 게 옳다. 그리고 각각이 선별, 보편 복지로서 자신의 역할을 다할 수 있을 만큼 적절한 급여 수준을 갖추어야 한다.

복지 유형별 풀어야 할 과제들

대한민국이 복지국가로 발전한다는 것은 각 유형의 복지가 제자리를 찾아가는 일이다. 이를 위해 풀어야 할 과제들은 무엇일까?

첫째, 선별 복지의 대표 격인 기초생활보장제도가 제구실을 하는 게 중요하다. 보편/선별 복지 논쟁 과정에서 선별 복지가 부정적으로 다루어지면서 공공부조가 소홀히 취급되고 있다. 급식, 보육은 늘어나지만 국민기초생활보장제도는 홀대당하고 있다. 튼튼한 공공부조는 보편 복지 논의의 전제조건이다. 현재 기초생활보장급여를 정하는 기준인 최저생계비 금액이 너무 낮은 데다, 현실성이 결여된 부양의무자 제도 탓에 사실상 절대 빈곤선 아래에 있는 상당수가 급여 대상에서 제외되고 있다. 최저생계비 결정 기준, 부양의무자 설정 등 제도 개선이 필요하고, 이를 뒷받침하기 위한 '예산 배정'이 절실하다.

둘째, 사회보험에선 광범위한 사각지대를 줄여 나가야 한다. 사실 이 문제의 근본 원인이 사회보험 제도 자체보다는 불안정한 노동시장에 있다는 점에서 획기적인 해법을 내기 어려운 게 사실이다. 그래서 완전 고용시장을 전제로 모든 노동자가 보험료를 내도록 설계된 사회보험이 현재와 같은 노동시장에서 보편 복지로서 실효성이 있는지에 대한 의문도 커지고 있다. 점차 사회보험도 국가재정 몫을 늘려 조세 중심의 복지로 전환하는 것을 모색할 필요가 있다. 단기적으로는 비정규직 노동자에게 사회보험료를 지원하여 사회보험 제도 내부로 들어올 수 있도록 도와주어야 한다.

셋째, 지금 대한민국에서 보편/선별 논쟁이 벌어지는 사회서비스 · 사회수당 영역에서는 소요 재정 확충과 담론 개발이 요청된다. 지난 논란을 거치면서 급식과 보육은 보편 복지로 진입하고 있는 반면, 기초노령연금은 미래가 불투명하고, 아동수당은 도입조차 못 된 상태다. 재정 확충이 관건이다. 우리나라의 빈약한 복지 재정이 대폭 늘어나야 한다. 동시에 보편 복지의 당위성을 확보하는 담론 개발도 필요하다. 왜 굳이 경제적 여유가 있는 상위 계층까지 복지를 제공해야 하는가? 기본적 필수 서비스는 사회구성원 모두가 누리는 시민적 권리라는 인식뿐만 아니라 보편 복지가 발휘할 수 있는 생산적 논리들을 다듬어 가야 한다.

보편/선별 복지 논쟁의 한계 : 복지 현장 종사자, 불안정 노동자 배제

지난 보편/선별 복지 논쟁에서 거둔 성과가 크다. 하지만 한계도 직시해야 한다. 되돌아봐야 할 그늘이 존재하는데, 특히 핵심 복지주체들이 배제되어 버렸다. 논쟁이 사회서비스 영역에 한정됨으로써 빈곤계층에게 제공되는 공공부조, 불안정 노동자에 해당되는 사회보험 사각지대 문제가 다루어지지 못했다. 이는 해당 복지와 이해관계가 절실한 대중적 주체들을 논의에서 배제하는 결과로 이어졌다.

우선 취약 계층에 제공되는 공공부조가 관심 밖으로 밀려났다. 국민기초생활보장급여 대상은 여전히 150만 명 수준에서 묶여 있고 심지어 사회복지 통합 관리라는 명목으로 많은 사람이 수급 자격을 잃기도 했다. 사회적 발언권이 없다는 이유로 장애인 복지, 저소득층아동센터 · 노인복지 등도 계속 방치되었다. 2012년 초 · 중반 서울 강북권에 위치한 한 영구 임대아파트에선 비참한 현실을 견디다 못해 6명이나 연이어 목숨을 끊는 일이 벌어졌는데, 이는 결코 이 아파트에만 한정된 비극이 아니다.

공공부조의 주변화는 당연히 복지 현장에 종사하는 사회복지사들을 복지 논쟁의 주체로 초대하지 못했다. 우리나라는 전국적으로 사회복지 전달 체계가 나름 갖추어져 있는 편이다. 2012년 기준으로 사회복지사 자격을 가진 사람만 53만 명이다. 전체 국민 100명당 1명이 사회복지사인 나라가 대한민국이다. 보편 복지 담론이 정치권과 시민사회에서 부상했지만 이들은 정작 자신이 일하는 복지 현장에서 다루는 국민기초생활보장제도, 의료급여제도, 노인복지 현실을 개탄할 뿐 사회적 목소리를 낼 수 없었다.

사회보험 사각지대도 그러하다. 오히려 노동시장에서 어려운 사람인 불안정 노동자일수록 사회보험 혜택을 받을 수 없는 역진적 상황이 벌어지고 있건만 보편 복지 논쟁에서 이들의 복지 문제는 다루어지지 못했다. 노동시장의 구조적 문제와 연결된 까닭에 당장 근본적 해법을 제안하기 어렵다면 이들을 사회보험 제도 내로 편입시키기 위해 사회보험료 지원이 필수적임에도 말이다. 결국 노동자의 절반을 차지하는 불안정 노동자 역시 보편 복지 논쟁에 나서기 어려웠다.

보편/선별 복지 논쟁에서 우리는 복지를 바라보는 인식 틀을 전환하는 역사적 성과를 거두었다. 보편 복지 담론이 확산되었고, 전체 복지제도에 대한 이해가 높아지고 있으며, 복지 재정 확충을 위한 공감대를 넓혀 가고 있다. 그럼에도 아쉬움이 남는 까닭은 이 과정에서 공공부조, 사회보험 사각지대 문제가 도외시됨으로써 복지 현장의 에너지를 뿜어낼 수 있는 사회복지사와 복지 수급자, 한국사회의 모순을 몸으로 담고 있는 불안정 노동자들이 자신의 목소리를 낼 수 없었다. 복지 담론은 만개하건만 대한민국 복지국가를 만들어 갈 핵심 대중 주체들은 침묵해야 했다.

02

복지국가의 쉬운 이름, 사회임금

복지국가! 많은 사람이 부러워하는 단어이다. 스웨덴을 비롯해 북유럽 나라 이야기를 들으면 저런 사회에서 살았으면 좋겠다고 상상한다. 자신의 관심에 따라 복지국가를 다양하게 설명하듯이, 사회과학의 각 학문별로 복지국가를 정의하는 방식 역시 다르다.

사회복지학자는 복지국가를 '시민들의 기본 삶이 보장되는 행복한 체제'라고 말할 것이다. 그에게는 복지 정책이나 제도가 큰 관심이다. 경제학자는 '성장과 분배가 조화를 이루는 케인스주의 경제 체제'라고 답할 것이고, 정치사회학자는 복지국가가 형성·유지되는 정치 과정에 주목하므로 '복지 확대를 공통 이해로 지닌 세력들의 복지 동맹 체제'로 설명할 것이다.

20세기 중반을 지나 복지국가가 자리를 잡은 이후에는 비판적 목소리도 이어졌다. 여성학자는 정통적 복지국가가 남성 가구주를 생계 모델로 삼고 있기에 남성 부양자 체제라 비판하고, 생태주의자는 복지국가가 여전히 인간 중심의 성장주의 체제라고 지적할 것이다. 이처럼 복지국가에 대해 학문마다 다양한 정의가 존재한다는 것은 그만큼 복지국가가 자리 잡기 위한 조건이 복합적임을 뜻한다.

복지국가를 쉽게 설명할 순 없을까?

일반 시민들이 일상생활의 용어로 복지국가를 쉽게 설명하는 방법은 없을까? 나는 사회임금을 제안한다. 자본주의 사회에서 대부분의 사람은 노동자로 산다. 노동자는 회사에서 일한 대가로 임금을 받는다. 하지만 여전히 노동자의 삶은 불안하다. 지불 능력이 있는 기업에서 일하는 일부 노동자를 제외하고는 대부분이 생활에 충분한 임금을 받지 못하고 있다. IMF 경제위기 이후 구조조정이 빈번히 일어나면서 노동자의 고용마저 불안하다. 이제 한국 사회에서 대부분의 노동자가 고용의 위기에서 자유롭지 않은 상태이다.

구조조정에 따른 고용과 생계의 불안은 누구에게나 중대한 것이지만, 나라마다 심각성이 다르다. 똑같이 실직되어 임금 소득이 끊기는 경우라도 그것이 가계에 미치는 위험의 정도가 동일하지 않다. 유럽 선진국에서는 구조조정이 발생하더라도 그 폐해를 줄일 수 있는 사회적 완충 장치가 있다. 반면 한국에서 노동자가 일자리를 잃는 것은 대부분의 경우 곧바로 가계의 파탄을 의미한다. 2009년 쌍용자동차 사태는 시장임금에만 의존해 살아가는 한국 사회가 얼마나 구조조정에 취약한가를 여실히 보여 주었다.

자본주의 사회에서 노동자의 가계 운영은 크게 두 가지 경로로 이루어진다. 하나는 노동자가 자신의 노동력을 판매한 대가로 받는 임금이고, 다른 하나는 사회적으로 얻는 급여이다. 노동력 재생산의 재원을 모두 '임금'이라고 부른다면, 전자는 노동자가 고용주로부터 직접 얻는 시장임금market wage이며, 후자는 국가를 통하여 제도적으로 얻는 사회임금social wage이다. 전자가 노동자 스스로 생활을 책임져야 한다는 의미에서 개별적 재생산이라면, 후자는 사회가 노동자의 가계를 제도적으로 지원한다는 점에서 사회적 재생산이다.

〈그림 1〉은 시장임금과 사회임금으로 이루어지는 가계 재생산 과정을 정리한 것이다. 아래쪽에 위치한 시장임금을 통한 재생산은 우리에게 익숙한

〈그림 1〉 자본주의의 가계 재생산 구조

방식이다. 노동자가 임금 소득으로 집을 얻고 아이들을 교육시키며 민간보험에 가입해 생활을 영위한다. 이에 비해, 위쪽에 있는 사회임금을 통한 가계 운영은 다소 복잡하다. 국민들이 세금이나 사회보험료를 납부하면 국가는 이 재원으로 국민들에게 필수적인 서비스를 제공한다.

사회임금이 시장임금과 구별되는 중요한 차이점은 교환 원리에 있다. 시장임금에서 적용되는 원리는 '비례 교환'이다. 보험을 예로 살펴보자. 시장에서 파는 민간보험에 가입할 경우 보험료로 낸 금액에 비례해 급여가 되돌아올 것으로 가정된다(관리 운영비, 보험 회사 주주 몫을 감안하면 실제는 보험료 대비 급여가 턱없이 적은 게 현실이지만). 암 보험의 경우, 납입 보험료가 높은 상품에 가입하면 다양한 종류의 암 치료에 보험금이 지급되고, 보험료가 낮은 상품에 가입하면 몇몇 질환에만 보험금이 나온다.

반면에 사회임금은 기여금과 급여가 서로 다른 '부등가 교환'에 뿌리를 둔다. 복지 원리로만 보면, 돈은 소득 능력에 따라 내고 급여는 복지 필요에 따라 받는다. 국민건강보험을 보자. 일반 시민이든 재벌 회장이든 동일한 질환에 대한 국민건강보험의 급여 혜택은 같다. 두 사람이 내는 보험료 액수는 소득에 따라 크게 차이가 나지만 말이다. 예를 들어 2012년 국민건강보험 가입자들이 내는 세대당 평균 월보험료가 약 9만 원이지만 연봉 10억이 넘는 재벌, 대기업 임원들이 내는 월보험료는 약 230만 원이다.

언뜻 보기에 낸 것에 비례해 받는 교환이 공평한 것 같지만, 이는 불평등한 사회경제적 지위를 전제로 하기에 기존의 불평등 구조를 재생산한다. 반면에 사회임금이 기초하는 부등가 교환은 '능력에 따른 기여, 필요에 따른 수혜' 원리에 따라 서민의 필수적 삶을 보장하면서 시장이 낳은 '부익부 빈익 빈'을 줄인다는 점에서 평등 지향적이다. 민간보험이 도저히 따라올 수 없는 사회연대제도이다.

사회임금의 예들

사회임금의 사례들을 조금 더 살펴보자. 유럽에서는 아동수당이 있다. 아동수당은 미성년인 아동과 청소년에게 지급되는 수당으로, 자녀 양육에 드는 비용을 사회가 공동으로 책임지는 제도이다. 만약 우리나라에서도 노동자가 월 20만 원의 아동수당을 지원받는다면, 이는 노동자가 임금 인상 투쟁을 통해 시장임금 20만 원을 인상한 것과 동일한 효과를 지닌다.

우리나라에도 금액은 적지만 여러 가지 사회임금이 존재한다. 2012년 현재 65세 이상 노인 70%에게 월 9만 5천 원(부부 수령의 경우 15만 원)의 기초노령연금이 제공된다. 민간생명보험이 가입자에게만 보험료에 비례하여 연금을 지급하는 데 반해, 공적 연금인 기초노령연금은 보험료 납부 여부를 따지지 않고 65세 이상으로 해당 노인이면 지급한다.

근래 빠른 속도로 등장한 무상보육도 대표적 사회임금이다. 현재 아이당 약 20만~40만 원까지 보육료가 지원되고 있다. 만일 과거처럼 가계가 직접 보육료를 부담해야 했다면, 매달 같은 금액을 시장에서 더 벌어와야 했던 일이다. 대학 등록금도 사회적 주목을 받으면서 이제는 반의반값 수준으로는 가고 있다. 공공주거도 사회임금을 이루는 한 부문인데, 집 없는 서민이 일반 시세에 비해 저렴한 공공 임대주택을 얻게 되면 시세차액만큼의 임대료를 사회임금으로 받은 셈이 된다. 국민건강보험의 급여 적용도 사회임금이다. 총 300만 원의 병원비 중 본인부담금이 100만 원이라면 200만 원은 국민건강보험이 지급한 의료 분야 사회임금이다.

사회임금은 자본주의의 탈상품화 영역

서구 노동자들은 우리보다 안정적으로 생활한다. 그들 역시 자유롭게 쓸 수 있는 시장임금이 충분하지는 않지만, 다양한 경로로 사회임금을 얻고 있기 때문이다. 사회임금은 질병, 실업, 산재, 노후, 빈곤, 장애 등 누구든지 맞을 수 있는 생활 위기를 사회 전체가 대비한다는 점에서 사회적 안전망이다. 또한 시장임금이 노동자 내부의 격차를 낳는 것과 반대로 사회임금은 '소득에 따라' 재원을 조성하고 '필요에 따라' 서비스를 공급하므로 노동시장의 격차를 완화하는 효과를 지닌다는 점에서 사회적 연대망이다.

학술적으로 접근하면, 사회임금은 탈상품화 정도를 가리키는 지표로 해석된다. 자본주의 역사를 보면, 어느 사회든 시장적 거래 관계에 의거하지 않고 취약 계층에 부여되는 서비스로서 복지는 존재해 왔다. 특히 자본주의가 발전하면서 이러한 복지는 공공부조 형식을 넘어서기 시작했다. 20세기 들어 산재보험/연금보험/실업보험/의료보험 등이 국가 복지로 제도화되었고, 2차 대전 이후 마침내 서구에서 '복지국가'라는 새로운 국가 체제가 등장하였다.

서구에서 복지국가가 다수로 생겨나면서 복지국가론이 전후 자본주의를 분석하는 이론 틀의 하나로도 자리 잡았는데, 칼 폴라니Karl Polanyi, 에스핀 앤더슨Esping-Andersen 등이 강조하듯이, 복지국가의 기본 특징은 '탈상품화'로 정의될 수 있다.

폴라니는 자본주의 발전을 노동력의 상품화commodification로 파악하면서도 이러한 상품화에 반하는 탈상품화de-commodification, 즉 시장 원리에 구속되지 않는 복지가 동시에 진행된다는 사실을 역사적으로 보여 주었다. 폴라니에 의하면, 노동력 상품은 노동자라는 인격과 육체와 분리될 수 없는 것이기에 시장 상품 원리에 의해서만 결정되지 않는 '의제적 상품 형태'라고 이해한다. 이 의제적 상품이 현실에서 '실제 상품'으로 기능하기 위해서는 반드시 비상품화된 보조 체계가 요구되는데 이것이 바로 '복지'이다. 복지 제도가 자본주의하에서 노동력 상품화가 진행되기 위한 필요조건이 되는 셈이다. 복지가 다양한 사회연대운동의 성과이면서도 자본주의를 유지하기에 필요한 '개량'이라는 지적이 나오는 까닭이다.

대표적 사민주의 학자인 에스핀 앤더슨 역시 복지국가의 본질을 탈상품화로 정의한다. 탈상품화는 개인이 시장에 의존하지 않고 기본적 생활을 유지할 수 있는 상태를 말한다. 즉, 사람들이 자신들의 생활수준을 시장의 구속으로부터 얼마나 독립적으로 만드는가, 노동력이 시장상품으로서 지니는 위험을 얼마나 축소시키는가의 문제이다. 이처럼 개인이 '인간으로서 보편적 권리가 존중되는 상태'에 이르기 위해서는 시장상품 원리에서 가능한 벗어나는 탈상품화를 필요로 한다. 이것은 지금 과도한 시장만능 경쟁에 노출된 대한민국에서 벌어지고 있는 일이다. 바로 '보편 복지'를 향한 탈상품화 열망이다.

한국의 사회임금은?

우리나라에서 사회임금은 어느 수준일까? 사회임금은 복지 재정 수치를 일상생활을 영위하는 가구를 기준으로 재구성해 계산된다. 국가의 복지 재정 규모가 그 나라의 복지 수준을 거시적으로 말해 준다면, 사회임금은 실제 국민들의 미시적 생활을 보여 주는 장점을 가진다. 경제협력개발기구 OECD의 사회복지 통계 자료를 재구성해 가구의 총 운영비 중 사회임금이 차지하는 비중을 추정해 보자.

〈그림 2〉 가계 운영비 중 사회임금 비중

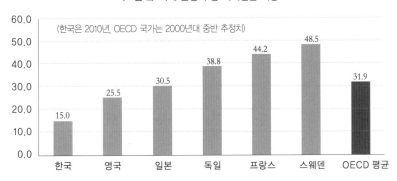

〈그림 2〉를 보면, 2010년 한국의 평균 가구에서 가계 운영비 중 사회임금이 차지하는 비중은 15.0%이다. 이것은 2000년대 중반 7.8%에 비하면 크게 오른 수치이다. 반면 OECD 회원국의 평균 사회임금 비중은 2000년대 중반 31.9%이다. 현재까지 거의 변하지 않았을 것으로 가정하면, 우리나라의 2배 수준이며, 스웨덴은 3배가 넘는다.[3]

3) 사회임금 수치는 필자가 계산한 것이다. 현재 OECD는 사회수당에 의한 현금 이전 소득만 발표하므로, 사회임금을 계산하기 위해서는 사회서비스 복지의 이전 소득 효과가 필요하다. 이에 복지 재정 지출의 현금 급여와 서비스 급여 비중을 토대로 사회서비스 몫의 사회임금을 추정하고, 이를 현금 이전 소득과 합산하여 사회임금을 도출하였다. 자세한 계산 방식은 오건호, 「한국의 사회임금은 얼마일까?」, 사회공공연구소 이슈페이퍼 2009-05 참조.

사회임금은 OECD 국가 중 북유럽 국가들에서 높다. 스웨덴에서 사회임금의 비중은 가계 운영비의 절반에 육박하는 48.5%이다. 스웨덴 노동자는 시장 경쟁을 통해 얻는 소득만큼 사회적으로 급여를 받고 있는 셈이다. 게다가 사회임금이 하위 계층에 우호적으로 지급되기 때문에 하위 계층의 가계 운영에서 사회임금이 차지하는 비중은 절반을 훨씬 넘을 것으로 판단된다. 비서구 국가 중에선 일본의 사회임금 비중이 30.5%로 OECD 평균에 도달해 있다. 이는 영국보다 높은 수준인데, 고령화가 상당히 진전되어 연금 급여가 발달되어 있기 때문이다.

한국 노동자들이 장시간 노동에 몰입하는 이유

사회임금이 높을수록 일반 가계의 생계는 노동시장의 위험으로부터 완충지대를 가지게 된다. 사회임금 영역들이 실업, 노후, 의료, 주거, 보육 등 인간의 기본적 생활 필요를 충족하는 것이기에 사회적 안전망의 역할을 할 수 있다.

한국에서 구조조정을 둘러싸고 왜 격렬한 갈등이 발생하는가? 애초 한국 노동자의 유전자에는 전투성이라는 DNA라도 존재하는 것일까? 다양한 사회정치적 요인이 존재하겠지만, 사회임금이 전체 가계의 운영에서 10%대에 불과한 것도 중요한 이유이다. 가계가 전적으로 시장임금에 의존하고 있는 현실에서, 회사에서 내쫓기면 당장 생계가 막막한 게 우리나라 노동자들의 현실이다. 시장임금으로만 살아가야 하는 한국에서 구조조정은 곧 가족 생존의 위기를 의미하고 그만큼 사회적 갈등을 증폭시킨다.

낮은 사회임금은 우리나라 정규직 노동자들의 초과 노동 현상도 설명해 준다. 왜 한국의 노동자들은 그토록 초과 노동에 몰입하는가? 노동시장의 위기를 완화해 줄 수 있는 사회임금에 대한 기대가 약하기 때문이다. 일감이 있을 때 한 푼이라도 더 벌어야 하는 것이다. 이는 개별적으로 보면, 언제 닥칠지 모르는 어려움에 대비해 조금이라도 더 시장임금을 모아 두려는 '합리적' 경제 행위이다. 당장의 시장임금 극대화에 매달릴 수밖에 없는 노동자 개인을 탓할 수는 없다. 이들도 시장임금 중심 체제의 희생자들이다.

과연 우리가 이렇게만 살아야 하는 것일까? 각자도생의 길이 문제를 해결할 수 없다는 사실을 이제 몸으로 깨닫고 있지 않은가? 새롭게 사는 방식을 상상하고 실천해야 할 때다. 복지국가란 사회구성원들에게 충분한 사회임금을 지급하는 사회를 의미한다. 개별적으로 시장에서 소득이 부족하거나 실업을 당하더라도 기본적인 필수 서비스는 사회임금으로 보장되는 사회이다. 가구 지출의 절반 정도는 노동 행위 여부와 무관하게 사회로부터 지급받는 스웨덴이라는 나라, 괜찮지 않은가?

03

복지국가, 우리의 '잠정적 유토피아'

지금 자라나는 청소년들에게 대한민국이 나아갈 미래상을 제시한다면 어떻게 말할 수 있을까? 만만치 않은 일로 보인다. 일찍이 시장만능주의 주창자인 영국 대처 수상은 단호하게 선언했다. "There is no alternative", 현재와 같은 시장 경쟁 체제에서 살 수밖에 없다는 주장이다. 비록 근래 시장만능주의자가 힘을 잃어 가고 있지만 여전히 우리는 '비전의 아노미' 시대에 살고 있다.

내가 대학생이던 1980년대에는 사회운동에 조금이라도 관심을 가진 대학생이라면, 내용은 아직 불투명했지만 미래사회의 바람은 사회주의적 '어떤 것'이었다. 1990년 베를린 장벽이 무너지면서 지금은 위력을 상실했지만 실제로 20세기 중반엔 지구상의 절반의 인류가 지향하고 실험하는 체제가 바로 사회주의였다.

그런데 사회주의의 역사적 실험이 실패로 귀결되었다. 사회주의적 이념과 가치를 존중하는 사람조차도 지금 사회주의를 공공연하게 제안하기가 어려운 때이다. 동시에 대처 수상이 자신 있게 주창했던 시장만능주의 신자유주의도 역사적으로 파산해 가고 있다. 탐욕과 불평등을 양산하더니 2008년 국제적 금융위기 이후에는 시대적 유효성을 의심받고 있다.

비그포르스와 잠정적 유토피아

그렇다면 대한민국이 나아갈 미래 비전은 무엇일까? 현재 상황에서 내가 제안하고 싶은 답은 복지국가이다. 지난 2008년 촛불시민들이 외쳤던 "함께 살자! 대한민국", 2010년 무상급식 논란을 계기로 확산된 보편 복지 담론 등을 '지금 여기서' 하나로 모은다면 그 이름은 복지국가가 아닐까?

물론 복지국가 이야기는 이제 막 시작되었을 뿐이다. 복지국가가 지속가능하기 위해선 무엇이 필요한지 충분히 논의되지 못한 상태이다. 그래서 나는 더욱 지금은 복지국가에 대해 적극적인 논의가 필요한 때라고 생각한다. 이에 스웨덴의 정치가이자 이론가인 에른스트 비그포르스Ernst Wigforss가 제시하고 실제 스웨덴에서 구현해 간 '잠정적 유토피아' 개념을 주목한다. 근래 부상하는 복지국가 담론에 잠정적 유토피아라는 적극적인 인류사적 위상을 부여해 이해하고 싶다.[4]

20세기 초·중반에 살았던 비그포르스에게 사회주의는 인류의 최고 가치

---

4) 비그포르스의 잠정적 유토피아론에 대해서는 홍기빈, 『비그포르스, 복지국가와 잠정적 유토피아』, 책세상, 2011 참조.

들을 담은 유토피아이다. 그런데 그는 유토피아와 현실 세계를 잇는 '정거장' 에 해당하는 새로운 범주를 설정했다. 유토피아를 향한 사회운동은 현실 문제를 해결하려는 열망에서 비롯되고, 유토피아를 향해 가는 과정에서 끊임없이 좌표를 조정하는데, 지금의 눈에서 설정할 수 있는 지점이 바로 '잠정적 유토피아' 이다. 그에게 유토피아는 정형화된 체제가 아니라 현실 변화와 끊임없이 조응하면서 조정되는 '잠정적 유토피아' 로 구체화될 뿐이다. 유토피아가 경직된 청사진이 아니라 임시 스케치 혹은 길잡이로만 구현되는 셈이다.

1980년대를 거치며 형성된 한국 진보 세력에게 유토피아는 사회주의였다. 그런데 정작 사회주의를 지향하면서도 사회주의에 대한 논의를 거의 벌이지 못했다. 강력한 냉전 체제의 영향으로 사회주의에 대한 정보와 자료의 한계도 있었지만, 사실상 '미래 준거' 로 삼았던 동구 사회주의가 무너진 것이 핵심 원인이다. 그 결과 지금은 사회주의가 지니는 권위가 크게 훼손된 상태이고, 활동가들도 대부분 사회주의를 '인간 해방', '평등 사회' 같은 가치나 신념 수준에서 간직하고 있을 뿐이다. 현재 한국 진보 세력이 주장하는 부유세, 무상의료, 무상급식, 비정규직 철폐, 재벌 개혁 등도 복지국가 체제가 지향하는 사민주의 노선의 요구를 넘지 않는다.

우리는 지금 어디에 서 있는가? 비그포르스가 활동하던 시기와 달리, 한국 진보 운동은 사회주의의 실패라는 역사적 상처를 안고 있다. 시장을 넘어 계획의 효용을 우선시하는 실험이 좌초된 상황에서 진보 세력에게 유토피아는 더욱 '잠정적' 일 수밖에 없고, 그만큼 열린 사고와 실천이 필요하다. 이제 유토피아는 특정 체제를 선언하는 방식으로는 역사적 권위를 지니기 어렵다. 새로운 사회 운영 원리를 곳곳에서 실험하고 그 유의미성을 검증하는 기나긴 과정이 필요하다.

예를 들어, 호혜와 연대를 사회 운영의 핵심 가치로 체화해 가기 위해서는, 공공 소유인 서울대병원이 경쟁지상주의를 구현하는 삼성병원과 다르다는 것을 보여 주어야 하고, 공공기관이 권력의 하수 기관에서 좋은 서비스를 제공하는 시민의 벗으로 거듭나는 데부터 시작해야 한다.

복지국가는 진보가 걸어가는 '역사적 과정' 이다

이러한 시대적 한계를 직시할 때, 복지국가 담론은 한국 진보 운동이 새로운 길을 찾는 과정에서 중요한 정거장 역할을 할 수 있다. 생활고에 지친 대한민국 시민이 겪는 좌절을 정치적 열망으로 이끌 수 있는 잠정적 유토피아로서 말이다. 2008년 촛불 운동에서는 '목적지' 가 불분명했다면, 지금 민심은 '복지국가' 라는 구체적 봉우리를 말한다. 사회임금이 복지국가를 상징적으로 설명해 줄 수 있는 실생활 용어라면, 잠정적 유토피아는 인류가 꿈꾸는 유토피아를 향해 가는 정거장으로서 복지국가를 가리키는 역사적 범주이다.

물론 최근 한국에서 복지국가에 대한 기대가 과잉 응축된 면이 있다. 괜찮은 일자리 만들기, 경제민주화 등 핵심 과제가 각각의 영역에서 해법을 구체화하지 못한 탓이다. 비그포르스가 지적한 것처럼, 복지국가는 계급 없는 사회도 아니고 경제민주주의가 완전히 실현된 곳도 아니다. 복지국가는 현재 위치에서 머물지 않고 계속 유토피아를 향해 가는 정거장일 뿐이다.

지금 우리에게 주어진 과제는 대한민국에서 복지국가를 역동적으로 만드는 일이다. 지속가능한 복지국가를 구축하기 위해서는 안정된 일자리 확보에 나서야 하고, 이를 위해 중소기업의 토대를 강화하는 기업 관계의 민주화도 이루어야 한다. 20세기 서구 복지국가와 달리 금융세계화 환경에서 살아야 하는 21세기 복지국가는 국가의 공공정책 권한을 보장받기 위해 한미 FTA와도 싸워야 한다. 그래서 지금 복지국가를 주창하는 것은 부자에게 세금을 걷고, 복지 서비스를 공공화하는 것뿐만 아니라, 일자리 창출을 위해 재벌과 겨루는 경제민주화로 나아가야 한다.

어느새 한국에서는 자유주의 세력뿐만 아니라 새누리당까지도 복지국가를 말하고 있다. 대환영이다. 이들이 복지국가를 내세운다고 진보 세력이 복지국가 담론을 피할 이유는 없다. 더 열정적으로 복지국가 운동을 벌여야 한다. 복지국가가 자본주의 체제를 용인하는 개량주의 모델이라고 한계를 부각하는 과거의 관성에서 벗어나 복지국가가 담아낼 역동적 에너지를 주목하고, 복지 민심이 지닌 진보성을 신뢰해야 한다.

그렇다! 복지국가는 진보 세력이 일군 역사적 성과물이면서 지금 민심이 주목하는 담론이고, '대안 부재 상황'을 겪는 한국 진보 세력에게 현실과 이상을 잇는 다리일 수 있다. '지금 여기서' 민심과 함께하는 희망 담론으로 복지국가를 이야기하자. 비그포르스가 스웨덴에서 그러했듯이, 우리는 복지국가를 향하고 또 복지국가를 넘어 나아가야 한다.

복지국가 재정과
시민 참여

복지국가 재정과 시민 참여

　우리나라에서 진행된 보편/선별 복지 논쟁은 복지를 바라보는 인식 틀에 관한 것이지만, 그 밑바닥에는 복지 재정 규모에 대한 상이한 가정이 깔려 있다. 선별 복지론은 현재의 '제한된 예산'을 전제하고, 보편 복지론은 복지 재정의 확충을 이야기한다.

　2011년 서울시 무상급식 주민투표가 실시되었고 이어진 서울시장 보궐선거에서 박원순 후보가 당선되었다. 이로써 보편/선별 논쟁의 1라운드는 보편 복지의 판정승으로 마무리된 듯하다. 동시에 선별 복지 진영의 논리도 세련돼 가고 있다. 바로 '선택형·맞춤형'이다. 복지 수혜자가 수동적으로 차별당한다는 어감을 주는 '선별' 대신에 능동적으로 접근한다는 의미에서 '선택', 그리고 정부의 예산을 효과적으로 사용한다는 의미에서 '맞춤'이라고 표현한다. 물론 그렇다고 선별 복지의 본질이 바뀌는 것은 아니다. 수요자가 자신의 복지 적용 여부를 결정한다면 '선택'이지만, 공급자가 특정 기준에 따라 복지 대상을 정한다면 '선별'이 맞는 용어다. 또한 예산을 효과적으로 사용하자는 것에는 백번 동의하지만, 우리나라와 같이 복지 예산 규모 자체가 애초 작은 곳에서 '맞춤형'은 현재의 빈약함을 방치하는 것과 다름없다.

그렇다면 보편 복지 세력의 대응은 어떠해야 할까? '선택형·맞춤형'으로 재포장한 선별 복지에 맞서는 가장 강력한 카드는 보편 복지를 구현하기 위한 실질적 재정 방안을 마련하는 일이다. 선별 복지 세력이 '한정된 예산'을 강조하는 만큼, 보편 복지 세력은 '예산 확충'의 가능성을 보여 줘야 한다.

2010년 지방선거가 끝나고 이듬해인 2011년부터 보편 복지 세력 내부에서 복지 재정 방안을 둘러싸고 많은 논의가 진행되었다. 여기서 주목할 점은 복지국가 논쟁이 복지 재정 확충으로 옮아가면서 보편 복지 세력이 복지 담론을 주도하게 되었다는 점이다. 선별 복지 세력은 '제한된 예산'을 강조하기 때문에 복재 재원 확충 의제에 개입하기 어렵기 때문이다. 이러한 면에서 복지 재원 논쟁은 대한민국 주류 세력을 수세적 포지션으로 몰아넣고, 복지국가 세력이 주도권을 쥐게 하는 역할을 하고 있다.

그러면 과연 보편 복지 세력은 지금 공통의 복지 재정 방안을 지니고 있는가? 있다면 복지국가를 바라는 시민들이 이 방안을 이해하고 공감하는가? 나의 평가는 부정적이다. 나는 현재 보편 복지 세력이 명확한 복지 재정 방안을 제시하지 못하고 있고, 그 결과 시민들이 복지국가 재정 확충 방안을 공유할 수 없는 상황이라고 판단한다. 그래서 보편/선별 복지 논쟁에 이은

제2라운드 복지 재정 논의에서는 보편 복지 세력에게 높은 점수를 주기 어렵다. 오히려 안이한 복지 재정 논의로 인해 선별 복지 세력에게 '복지 포퓰리즘'이라는 역공마저 당하고 있는 형국이다.

대한민국이 복지국가로 나아가기 위해 반드시 풀어야 할 복지 재정 마련, 어떻게 가능할까? 나는 복지국가를 열망하는 시민들이 직접 복지 재정 확충에 참여하는 복지국가 재정주권운동을 제안한다. 이는 단순히 소수 상위 계층에게만 복지 재정 책임을 부여하는 것이 아니라 중간 계층 이상 시민들역시 자신의 형편에 맞게 세금을 냄으로써 부자증세에 대한 압박과 더불어복지국가 재정에 대한 시민들의 책임성을 높이려는 '소득별 보편증세' 운동이다. 이는 시민들이 직접 복지국가 건설의 참여자로 성장하는 '복지주체형성' 운동이기도 하다.

우선 4장에서는 보편 복지를 구현하기 위한 필요 재정 규모를 알아보고이를 확보하기 위해 지금 우리에게 부족한 것이 경제력이 아니라 정치력이라는 점을 확인한다. 이를 위해 복지증세 정치가 펼쳐지고 풀뿌리 복지 민심이 주체로 나서야 한다.

그런데 우리를 둘러싼 경제적 환경이 만만치 않다. 5장에서는 글로벌 재정위기 실태를 정리하고 보수세력이 제기하는 재정건전성 프레임이 지닌정치적 효과를 주목한다. 남부 유럽 재정위기를 시작으로 우리나라도 몇 년간 재정수지 적자를 겪고 있고, 보편 복지 세력의 복지 확충 요구에 맞선 카드로 재정건전성 담론이 등장해 있다. 그만큼 보편 복지 세력의 재정 확충과제가 만만한 일이 아니다.

6장에서는 증세를 주창하기 위해선 재정지출 개혁, 과세인프라 구축 등 '세금 정의' 역시 주목해야 한다는 점을 강조한다. 자영업자 과세기반 정비를 핵심으로 하는 수평적 형평성과 상위 계층의 과세 책임을 높이는 수직적 형평성을 구현하기 위한 주요 과제들을 살펴본다. 증세를 외치는 자라면 누구보다 재정지출과 세금정의 구현에 앞장서야 하기 때문이다.

7장은 내가 제안하는 '소득별 보편 증세 : 함께 내세, 사회복지세!' 이다. 보통 선거에서 증세는 독배라고 알려져 왔지만, 근래 민심은 '복지가 늘어나면 세금을 낼 용의가 있다'로 변화되고 있다. 이에 복지증세, 부자증세, 보편증세 3대 증세원칙을 지닌 사회복지세 방안을 소개하며 특히 중간계층 이상 시민들이 함께 참여하는 '보편증세'의 필요성을 강조한다.

8장은 향후 대한민국 복지국가를 만들기 위한 재정전략, 즉 복지국가 5개년 재정계획을 제시한다. 이를 위해 필요한 과제들을 종합 정리하고, 시민들이 참여자로 나서는 시민 참여 재정주권운동을 주창한다.

04

복지국가 재정, 얼마나 필요한가?
: 경제력이 아니라 정치력이 관건

복지국가 하면 보통 떠올리는 국가가 스웨덴이다. 영상이나 책으로 소개된 스웨덴의 이야기가 마냥 부럽기만 하다. 스웨덴이 우리와 다소 먼 나라라면, 최소한 우리가 가입해 있는 경제협력개발기구OECD 국가들이 누리는 복지 수준에는 도달해야 한다는 요구가 높다. 경제 규모뿐만 아니라 삶의 질에서도 선진국이 되어야 한다는 소망이다.

그러면 바로 등장하는 질문이 있다. '1인당 국내총생산GDP이 2만 달러인 우리나라와 5만 달러(스웨덴)·4만 달러(OECD 평균)인 나라들을 어떻게 비교하는가? 아직 우리나라 경제력이 선진국 복지국가 수준을 따라갈 만큼은 아니라는 비판이다. 그럴듯하게 들린다. 그렇다면 도대체 대한민국이 어느 정도 경제력을 지녀야 복지국가를 꿈꿀 수 있는 것일까?

우리에게 부족한 것은 경제력이 아니라 정치력

병원비를 보자. 2012년 한 해 우리나라에서 의원, 병원, 약국 등이 청구한 비용이 약 64조 원이다(비급여 포함). 앞으로 이 비용을 총괄해 '병원비'로 부르겠다. 이 중 국민건강보험이 지불한 금액이 40조 원이다. 그래서 지금 국민건강보험 보장성이 60%대 초반에 머물고 있다(2010년 62.7%). 만약 부족분 24조 원을 더 확보하면 완전 무상의료가 구현된다는 이야기이다.

하지만 병원비에서 최종 1원까지 무상으로 제공될 필요는 없다. 최소한의 환자 본인 부담금을 남겨 두고 '국민건강보험 하나로' 병원비를 해결하면 된다. 어떠한 경우에든 환자의 본인 부담 총액이 1년에 100만 원을 넘지 못하게 하는 '100만 원 상한제'가 실시되면 사실상 무상의료로 볼 수 있다.

이 목표를 달성하는 데 필요한 돈이 약 14조 원이다. 국민건강보험은 가입자, 기업, 정부의 3주체가 재정을 책임진다. 국민건강보험료를 지금보다 30% 인상해 가입자들이 약 7조 원만 더 내면 나머지 절반은 기업과 국가가 부담해 14조 원이 마련된다. 국민 1인당 평균 보험료로 치면 월 1만 1천 원을 더 내면 되는 일이다. 시민사회에서 이를 '1만 1천 원의 기적'이라고 부르는 이유이다.

우리에게 지금 국민건강보험 재정으로 사용할 14조 원이 없는가? 과연 가입자들이 추가 몫 7조 원을 낼 수 없는가? 국민건강보험 건강정책연구원의 추정에 따르면 2009년에 국민들이 민간의료보험에 낸 보험료가 13조~34조 원에 이른다. 2012년 기준으로 보면 최소 20조 원은 넘을 것이다. 굳이 높은 관리 운영비, 보험 회사의 막대한 수익을 지불하는 민간의료보험에 우리 가입자가 이 돈을 낼 이유가 없다. 지금 민간의료보험에 내는 보험료의 3분의 1 이하인 7조 원만 국민건강보험료로 납부하면 '100만 원 상한제'가 가능하다. 우리에게 돈은 있다. 단지 사적 민간의료보험에 내는 돈을 공적 국민건강보험 재정으로 전환하는 정치력이 없을 뿐이다.

노후 대비 비용을 보자. 현재 우리나라 국민연금 급여가 충분치 않다. 20년 가입하면 자기 소득의 20%를 지급받는데, 월 200만 원 소득자라면 노후에 40만 원을 받게 된다(40년 가입하면 급여율이 소득의 40%이므로 월 80만 원). 보통 국민연금을 두고 용돈연금이라는 비판이 있지만 우리나라 국민연금이 취약한 근본 원인은 제도 설계 자체보다는 짧은 가입 기간과 낮은 보험료에 있다. 가입 기간은 아직 국민연금 나이가 어린 탓이기에 논외로 친다면, 보험료 수준은 곰곰이 생각해 봐야 할 주제이다.

우리나라 국민연금 보험료율은 소득의 9%(노사 절반씩)이다. 우리나라 사회보험 중에서는 보험료가 가장 세지만 선진국에 비하면 여전히 낮은 수준이다. OECD 국가들의 공적 연금 평균 보험료율은 19.6%(노 8.4%, 사 11.2%)로서 우리의 2배가 넘는다. 선진국 국민들은 후한 급여만큼 연금보험료도 많이 내고 있다.

2012년 국민연금이 거둔 연금보험료 수입이 사용자 몫을 합해 총 28조 원이다. 그런데 국민이 민간 생명보험 회사에 낸 보험료 총액이 무려 90조 원에 육박한다. 국민연금에 납부하는 노후 대비 금액보다 3배 이상 많은 돈이다. 병원비처럼, 우리는 이미 노후연금에도 상당한 돈을 사용하고 있다. 다만 대부분을 공공복지가 아니라 시장복지에 지출하고 있을 뿐이다.

요사이 보육료 지원이 확대되고 있지만, 여전히 가계 지출이 만만치 않다. 특별비 명목의 가계부담이 남아 있기 때문이다. 또한 대학 재단의 불투명한 회계 관리를 논외로 하면, 대학생들이 대학 등록금을 많이 내야 하는 이유도 우리나라 등록금이 비싼데다가 고등교육에 대한 정부 재정 지원이 빈약하기 때문이다.

요약하면 이렇다. 우리나라에서 의료·노후·보육·교육 등 기본 복지에 사용되는 돈의 총액이 부족한 것이 아니다. 이미 복지국가에 견줄 만큼의 돈을 쓰고 있다. 그런데 대부분 시장을 통해 각자가 해결하는 방식으로 이루어지기에 공공복지 몫이 작다. 결국 우리나라에서 보편 복지가 미흡한 이유는 돈의 총량이 부족해서가 아니다. 시장복지로 지출되는 비용이 공공복지로 '전환' 되지 못하기 때문이고, 그것을 수행할 사회적 힘이 약한 탓이다. 서구 국가들은 오래전에 우리나라 정도의 경제력에서 복지국가를 이루었고, 그 배경에는 진보정당, 노동조합, 시민사회 등 강력한 복지주체가 있었다. 복지국가 건설, 이것은 다름 아닌 '비용 전환' 의 문제이다. 우리나라에서 부족한 것은 복지국가를 위한 '경제력' 이 아니라 '정치력' 이다.

보편 복지 실현에 필요한 재정 규모는 최소 55조 원

그렇다면 보편 복지를 구현하는 데 얼마의 재정이 필요할까? 정치권에서 민주통합당과 진보정당이 보편 복지를 주장하는데, 상대적으로 온화한 보편 복지를 제안하는 민주통합당의 2012년 총선 복지 공약을 사례로 그 규모를 살펴보자.

2012년 총선에서 민주통합당이 내놓은 복지 공약을 보면 보편 복지의 기본 내용이 거의 담겨 있다. 이를 실현하기 위한 재정 방안은 어떤가? 〈표 2〉에서 보듯이, 민주통합당은 임기 중 평균 32조, 임기 5년째인 2017년에 45.4조 원이 소요된다고 발표했다.

그런데 이 재정 추계를 신뢰하기가 어렵다. 우선, 민주통합당의 복지 재정 계산 방식에는 과소 추계 문제가 발견된다. 예를 들어, 향후 복지 확대에서 지방 재정 증가분을 제외했다. 민주통합당은 무상급식에 연평균 약 0.9조 원, 무상보육에 연 2.6조 원을 배정했는데 이 금액은 중앙 정부 몫일 뿐이다. 실제 무상급식이 실현되려면 지방 정부가 중앙 정부와 동일한 0.9조 원을 내야 하고, 무상보육의 경우 지방 매칭 비율 36%인 1.4조 원을 조성해야 한다. 지방 정부가 자체적으로 재정 확충 방안을 마련할 수 없는 현실에서, 민주통합당이 차기 집권을 주장하면서도 중앙 정부 증가 몫만 계산하는 것은 타당치 않은 계산법이다.

기초노령연금 인상에 따른 필요 재정 계산도 동일한 문제를 지닌다. 기초 노령연금을 현행보다 2배 올리고 지급 대상도 노인의 70%에서 80%로 확대

〈표 2〉 민주통합당 복지 공약 재정 규모

(단위 : 조 원)

	2013	2014	2015	2016	2017	연평균
3+1(급식, 보육, 의료, 반값등록금)	9.9	14.4	18.2	19.7	22.0	16.9
일자리 · 주거복지, 취약 계층 지원 등	7.4	14.0	16.0	19.7	23.4	15.1
계	17.3	28.4	34.2	39.4	45.4	32.0

출처 : 민주통합당(2012), 『창조형 복지국가 실현을 위한 보편적 복지구상과 정책과제 발표』(2012. 2. 2.) ; 민주통합당(2012), 『2012년 총선 공약집』(2012. 3. 21.) 재구성.

하겠다고 약속하지만 소요 재원은 현행 중앙 정부 부담액인 2.9조 원으로 책정했다. 노인의 절대 수가 늘어나고 그 대상도 80%로 확대되므로, 지방 재정 추가분까지 감안하면 총 5조 원이 늘어나야 하는데도 2.9조 원으로 축소 추계한 것이다.

아예 재정 추계에서 빠진 복지도 있다. 월 10만 원 아동수당 도입은 공약 집에는 명시되어 있으나 필요 재정 추계에는 빠져 있다. 총선 즈음에 민주통합당 보편복지특별위원회가 발표한 보고서에 의하면, 아동당 월 10만 원씩 아동수당을 제공할 경우 2017년 3조 2400억 원이 소요된다. 또한 일자리 복지, 주거 복지의 경우도 막대한 재정이 소요되는데, 총선 공약집에는 사업별로 재정 추계 금액을 밝히지 않아 이 비용이 제대로 반영되었는지, 아동수당처럼 누락되어 있는지 여부를 검증하기 어렵다.

내가 보기에, 민주통합당이 집권해 총선 복지 공약을 구현한다면, 임기 5년째인 2017년에는 최소 55조 원이 필요하다. 우선 민주통합당이 제시한 45.4조 원에 과소 추계가 확실한 무상급식, 무상보육, 기초노령연금에서 4.4조 원, 그리고 누락이 확인된 아동수당 3.2조 원을 더하면 약 53조 원에 이른다. 이에 추가 과소 추계와 누락분 등을 감안하면 민주통합당 복지 공약에 필요한 재정 규모는 55조 원이 넘을 것이다.

이렇게 복지 공약과 재정 방안이 일치하지 않을 경우 보편 복지 세력의 주장은 신뢰성을 가지기 어렵고 그만큼 보수 세력이 공격할 빌미를 제공하게 된다. 실제 지난 총선 기간에 기획재정부는 "정치권의 복지 공약을 모두 이행할 경우 최소 268조 원이 들어갈 것으로 추정된다"면서 민주당의 복지 공약 재정 추계의 부실을 지적하며 공세를 폈다.[5] 5년간 268조 원이면 연평균 53.6조 원이며, 복지 공약의 단계별 확대를 염두에 두면 2017년 소요액은 이보다 더 클 것이 분명하다. 당시는 선거관리위원회의 제동으로 기획재정부의 공약 검증이 이루어지지 않았지만, 필자의 추정과 기획재정부의 계산이 오히려 가깝다고 여겨진다.

그렇다면 보편 복지 세력이 집권했을 때, 시행 가능한 복지 내용은 무엇이며 이를 위해 얼마의 재정이 각각 필요할까? 〈표 3〉은 내가 보편 복지 항

〈표 3〉 보편 복지 내용과 추가 필요 재정

(2017년 기준 금액, 단위 : 조 원)

항목	복지 내용	추가 재정
친환경 무상급식	전체 지자체 초등, 중등학교 무상급식 실시	1.5
무상보육	전 계층 무상보육 실시	4.0
아동수당	0~5세 전체 월 10만 원 지급	3.0
고교의무교육	고교무상교육 등	1.4
반값등록금	반값등록금 및 학자금 후불제	4.8
기초노령연금	전체 계층 2배 지급	5.4
실업자	실업급여 강화 및 실업자 구직촉진수당 등	5.8
사회보험료 지원	최저임금 130% 이하 노사 사회보험료 절반 지원	1.5
기초생활보장제도	부양의무자제도 완화로 약 70만 명 수급자 확대	2.8
장애인 복지	장애인연금 2배 인상, 장애인활동보조 2배 확대 등	2.0
무상의료	입원진료 90% 보장성, 100만 원 상한제 등	14.0
공공임대주택	연 10만 호 건설 필요 재정의 절반 지원	5.0
사회서비스 인프라	의료, 보육, 교육기관 공공인프라 확대 재정의 60% 지원	3.8
계		55.0

– 일자리(정규직 전환 포함) 정책에 따른 비용은 민간 기업과 관련되어 있어 재정 추계가 유동적이고, 국민연금 급여 지출 확대는 이미 적립되어 있는 국민연금기금에서 조달되기에 복지공약 재정 계산에서 제외했음.

5) 기획재정부 차관에 의하면 "268조 원에는 국비와 지방 재정 교부금, 건강보험료 지출액이 포함됐고, 지방 재정은 제외됐다"고 한다. 지방 재정 몫까지 계산한다면 복지 공약에 필요한 재정 규모는 더 늘어난다는 이야기이다.

목별로 필요 재정 규모를 계산해 정리한 것이다. 연구자에 따라 복지 항목이 늘어날 수도 있겠지만, 집권 5년차인 2017년에는 지금에 비해 약 55조 원의 추가 재정이 필요하다(일자리 정책 공약과 국민연금 수급자 확대에 따른 재정은 제외된 수치).

풀뿌리 복지 민심과 함께 복지증세 정치를 펴야

어떻게 이 재정을 마련할까? 일반적으로 국민이 맨 먼저 요구하는 일은 기존 낭비를 줄이라는 것이다. 당연한 제안이다. 가장 대표적인 것이 토목 지출 절감이다. 현재 중앙 정부 총지출 가운데 토목 지출은 40조 원 정도로 추정된다. 얼마를 줄일 수 있을까? 4대강 사업이 마무리된 이후 정부의 SOC 지출은 절대액에서 감소하거나 동결되는 추세이다. 현재 토목 지출 중 최대 25%를 줄인다면 조성될 수 있는 재정은 약 10조 원이다. 아무리 노력해도 이 이상을 줄이기는 어려울 듯하다. 국방비도 논란의 여지가 큰 영역이지만, 현재 약 30조 원의 국방비를 10% 줄인다면 3조 원의 재정이 마련될 수 있다.

두 번째로 국민이 요구하는 재정 방안은 특혜적 세금 감면을 없애라는 것이다. 대기업에 제공되는 고용창출투자 세액 공제, R&D 세액 공제, 골프장 세금감면이 그것인데 이것을 모두 없앤다면 확보되는 금액은 약 5조 원이다. 일부에선 소득 공제를 축소하라는 요구가 있으나 중간 계층과 서민들도 수혜자여서 단기적으로 이를 손대기가 마땅치 않아 보인다. 결국 내 계산으로는 토목 지출, 국방비, 세금 감면 등의 개혁으로 조성될 수 있는 재정 규모가 18조 원 정도이다. 보편 복지에 필요한 55조 원에는 턱없이 부족한 규모이다.

그렇다면 선택할 수 있는 길은 두 가지다. 하나는 재정 개혁으로 조성 가능한 규모에 맞추어 복지 요구를 낮추는 길이다. 새누리당이 가는 길이다. 또 하나는 보편 복지 공약을 내걸고 이것에 맞는 재정 방안을 마련하는 길이다. 이 경우에는 재정 개혁을 넘어 증세가 피할 수 없는 과제로 등장한다.

2011년 초부터 보편 복지 진영 내부에서 복지 재원 방안을 두고 논의가 전개되었다. 크게 보면, 재정 지출 개혁, 비과세 감면 축소 등에 집중하자는 민주통합당의 '소극적 증세론'과 복지 재정 확보를 위해서는 상당규모의 증세가 불가피하다는 진보정당의 '적극적 증세론'으로 의견이 나누어진다.

민주통합당의 경우 2011년까지는 사실상 '비증세론' 입장에 서 있었으나, 2012년으로 접어들면서 미국에서까지 버핏세 도입이 등장하자 소득세, 법인세 최고 세율 인상 등 증세론을 수용하였다. 하지만 증세 규모가 그리 크지 않아 총선에서 내세운 복지 공약과 비교하면 빈약한 증세론이다.

정치권의 어려움을 모르는 바는 아니다. 선거에서 증세를 이야기하면 필패라는 말이 정치권에선 정설로 여겨지고 있다. 정말 그럴까? 그렇다면 계속 지금의 상황에 머물러 있어야 할까? 과연 복지국가를 위한 실질적인 증세 없이 복지국가 비전이 신뢰성을 가질 수 있을까?

복지국가 재정을 마련하기 위해서는 무엇보다도 토목 지출을 절감하고 대기업과 상위 계층에 제공되는 세금 감면 혜택을 줄이는 작업이 필요하다.

이는 복지국가 건설 이전에 재정 조세 영역에서 정의를 세우는 일이다. 문제는 이 작업만으로는 보편 복지 재정이 확보되지 못한다는 점이다. 우리나라의 낮은 조세부담률, 국민부담률의 장벽을 넘어야만 비로소 복지국가에 어울리는 재정이 확보될 수 있다.

새누리당이나 민주통합당은 가능한 '증세'를 피하려 하고, 진보정당들은 부자에게서 상당한 세금을 거두려 한다. 양자가 증세 규모를 둘러싸고 견해 차이가 크지만, 보수 세력이 제기하는 세금폭탄론을 피하려 한다는 점에서 공통점을 지닌다. 즉 일반 시민들의 조세 저항을 건드리진 않겠다는 전략이다. 증세라는 독배를 마시지 않겠다는 것이다. 하지만 나에게는 현재 정치권의 방안이 복지국가 재정 확충에도 신통치 않고, 복지를 바라는 시민들을 복지주체로 나서게 하는 데도 효과를 내기 어려운 길로 보인다. 안전하지만 매력이 없는 길이다.

복지국가를 만드는 데 관건은 결국 주체, 사람이다. 복지 재정 확충, 증세 과정에서도 복지주체 형성이라는 문제의식을 잊지 말아야 한다. 우리나라에서 복지국가에 대항할 세력은 기득권층으로서 견고하게 조직되어 있다. 행정부, 관료, 국회, 언론 등 다양한 권력자원이 버티고 있고, 그 뒤에는 재벌 대기업을 비롯해 거대한 자본이 있다. 부자증세를 호락호락하게 수용하지 않을 것이다. 무상의료가 가시화되면, 민간의료보험 회사들이 생사를 걸고 반대할 것이다.

반면에 복지주체는 취약하다. 지난 2010년 이전까지만 해도 복지 이해관계자, 복지 운동이라 하면 절박한 처지에 몰린 장애인·빈민·환자 단체의

외로운 움직임이 사실상 전부였다. 무상급식 이후 보편 복지 담론이 부상하면서 시민사회에서 복지에 대한 관심이 높아졌지만 실제 복지 확대를 목표로 움직이는 세력은 미약하다. 향후 복지국가 세력이 집권하고 기득권 세력의 저항을 이겨 내며 복지 프로그램을 실행하려면 대중적 복지주체가 형성돼야 하는 이유이다.

복지국가를 염원하는 풀뿌리 시민, 복지 종사자, 노동자들이 복지 재정 확충의 주인공이 될 수는 없을까? 이미 막대하게 지출되는 사적 복지 비용을 공적 복지로 전환하는 세력으로 등장할 수는 없을까? 그렇다. 지금 우리에게 필요한 것은 복지 민심과 함께 벌이는 복지 재정 확충 정치이다. 복지국가를 향한 '정치력'을 만들어 내자.

05

보수세력의 공세,
재정건전성 프레임을 경계하라!

대한민국이 복지국가로 진입하기 위해선 그에 조응하는 복지 재정이 필요하다. 많은 사람이 이 주장에 수긍하지만 과연 복지 재정 확충이 순조롭게 이루어질지 확신을 갖지 못한다. 특히 최근 국내외에서 재정을 둘러싼 환경이 심상치 않다.

2008년 이후 글로벌 경제가 재정위기로 전가되고 있다. 유로존 일부 국가에서 심화된 재정위기는 전체 자본주의 시장 경제의 지속가능성에 의문을 표하고 있다. 이러한 상황에서 우리가 경계해야 할 점은 '재정' 의제가 갖는 정치적 효과이다.

20세기 복지국가의 순항과 재정의 적극적 역할

20세기 중반 이후 서구에서 복지국가가 확장 경로를 걸어갔다. 이때에는

'재정'이 복지를 충당하는 적극적인 거름이었다. 순조로운 경제 성장과 함께 조세부담률, 국민부담률도 올라가면서 재정은 복지국가를 뒷받침하는 디딤돌로 여겨졌다.

〈그림 3〉 OECD 국가 조세부담률, 국민부담률, 공공복지 지출 추이

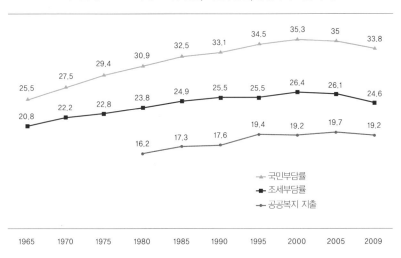

출처 : OECD, StatExtracts(2012. 7. 15.) (공공복지 지출 1980년은 1981년, 2009년은 2007년 수치)

〈그림 3〉은 1965년 이후 OECD 국가들의 조세부담률, 국민부담률, 공공복지 지출 추이를 보여 준다. 조세부담률은 1965년 평균 20.8%에서 꾸준히 증가해 2000년 초·중반 26%대에 이르렀고, 국민부담률도 1965년 25.5%에서 2000년대 초·중반 35%대에 도달했다. 재정 수입의 안정적인 성장은 복지 확대로 이어져 공공복지 지출도 공식 통계가 이루어진 1980~1997년 기간에 16.2%에서 19.2%로 증가했다. 신자유주의가 등장한 1980년대 이후에 금융, 규제 등의 경제 정책 분야에서는 큰 변화가 발생했으나 세입과 세출에

선 안정적 기조가 유지돼 온 것이다.

2008년 금융위기와 글로벌 재정위기

그런데 2008년 글로벌 금융위기가 재정위기로 전화되면서 재정 관련 수치의 하향 추세가 엿보이기 시작한다. 2000년대 초·중반에 비해 2009년 조세부담률, 국민부담률이 각각 약 2%포인트 하락했다. 금융위기와 재정위기에 대응하기 위해 일부 국가에서 증세 움직임이 있으나 경기 침체가 계속될 경우 전체 세수는 개선되기 어려워 보인다.

특히 재정 수입과 재정 지출을 포괄하는 재정 수지의 악화가 심상치 않다. 지금까지 시장에서 문제가 발생할 경우 정부 재정이 최종 해결자 역할을 해 왔다. 하지만 이번 금융위기는 재정위기로 사태가 증폭되고 있다. 금융위기로 재정 수입은 줄어드는 반면 공적 지원을 위해 재정 지출이 늘어남에 따라 재정 적자 폭이 크게 늘어났고 이와 연동하여 국가 부채도 일부 나라에서 급등하고 있다. 이른바 '재정건전성' 국면이 조성된 것이다.

〈표 4〉를 보면, OECD 회원국들의 평균 재정 수지 적자는 2000~2007년에 GDP 2.1%에 머물렀다. 그러나 2008년부터 재정 적자가 늘어나기 시작해 2009년 8.1%를 기록했고 2012년에도 5.3%에 이를 전망이다. 특히 영국, 미국 등 영미권 나라들과 그리스, 스페인 등 남부 유럽 국가들의 재정 적자가 크다. 나라마다 지출 통제 정책을 통해 적자를 줄여 나가고 있는데, 이는 기존 지출을 인위적으로 삭감해야 하는 사안이라서 상당한 사회적 갈등을 수반하고 있다.

<표 4> OECD 주요국의 재정 수지 추이

나라	2000~2007	2008	2009	2010	2011	2012	2013
영국	-1.7	-5.0	-11.0	-10.3	-8.4	-7.7	-6.6
미국	-2.6	-6.6	-11.6	-10.7	-9.7	-8.3	-6.5
그리스	-5.6	-9.9	-15.6	-10.5	-9.2	-7.4	-4.9
포르투갈	-4.2	-3.7	-10.2	-9.8	-4.2	-4.6	-3.5
스페인	0.4	-4.5	-11.2	-9.3	-8.5	-5.4	-3.3
독일	-2.3	-0.1	-3.2	-4.3	-1.0	-0.9	-0.6
스웨덴	1.3	2.2	-1.0	-0.1	0.1	-0.3	0.3
유로존	-1.9	-2.1	-6.4	-6.2	-4.1	-3.0	-2.0
OECD	-2.1	-3.4	-8.1	-7.5	-6.3	-5.3	-4.2

출처 : OECD(2012), Economic Outlook 2012 May.

국가 부채도 가파른 속도로 늘어나고 있다. 국가 부채 통계치가 정비되어 추계되기 시작한 1990년대 중반에 OECD 회원국들의 평균 국가 부채 규모 는 GDP 70%대 초·중반 수준이었고, 이는 2000년대에도 그대로 이어졌다. 그런데 〈표 5〉에서 보듯이, 2000~2007년에 GDP 74.0%였던 OECD 평균 국 가 부채가 2008년부터 증가하기 시작해 2011년 100%대를 돌파하였고 계속

<표 5> 국가 부채 규모

나라	2000~2007	2008	2009	2010	2011	2012	2013
그리스	116.1	118.7	134.0	149.6	170.0	168.0	173.1
포르투갈	68.4	80.7	92.9	103.2	117.6	124.3	130.1
스페인	54.6	47.7	62.9	67.1	75.3	87.9	90.9
미국	61.9	75.9	89.7	98.3	102.7	108.6	111.2
영국	43.9	57.4	72.4	81.9	97.9	104.2	108.8
독일	65.7	69.8	77.4	86.8	87.2	88.5	87.8
스웨덴	58.8	49.6	51.8	48.9	48.7	48.0	46.0
유로존	75.4	77.0	87.8	93.1	95.1	99.1	99.9
OECD	74.0	81.0	92.5	98.7	103.0	107.6	109.3

출처 : OECD(2012), Economic Outlook 2012 May.

늘어나고 있다. 재정 수지와 마찬가지로 국가 부채 역시 남부 유럽, 영미권 국가들에서 우려를 낳고 있다. 이와 비교해 유로존 핵심 국가인 독일은 재정 수지, 국가 부채에서 상대적으로 안정적인 기조를 유지하고 있다. 하지만 독일 역시 유로존 경제 구조 안에 묶여 있어 남부 유럽의 재정위기가 전가될 위험성은 계속 안고 있다.

앞의 표에 나와 있는 국가 중에서 유독 재정위기에서 자유로운 나라가 스웨덴이다. 재정 수지, 국가 부채 모든 면에서 안정적인 상태를 유지하고 있다. 근래 우리나라에서 복지국가에 대한 희망이 커지는 배경에는 스웨덴이 복지뿐만 아니라 경제 영역에서도 성공적인 모델이라는 점이 작용하고 있다.

그럼에도 우리가 주목해야 할 점은 스웨덴 등 북유럽 국가들을 제외하고는 대부분의 나라에서 재정이 경제위기 해결의 최종 역할자 지위를 잃고 오히려 위기 당사자가 되고 있다는 점이다. 이는 시장 경제의 불평등을 해소하는 정부의 핵심 수단인 재정이 본래의 역할을 수행하는 데 커다란 장벽에 부딪혀 있음을 의미한다. 이것이 바로 근래 등장하는 '재정건전성' 프레임의 배경이다.

한편 재정건전성 프레임을 더욱 부각시키는 요인이 인구 고령화이다. OECD 국가들의 평균 고령화율은 1960년에 8.5%에 불과했으나 2009년 14.8%에 이르렀고, 앞으로도 계속 늘어나 2050년에는 25.7%에 달할 것으로 예상된다. 고령화는 복지 수요를 폭증하게 만들지만 노동시장의 경제활동인구 공급에는 부정적 영향을 미친다. 재정의 수입과 지출 양 측면에서 위험을 낳는 요소이다.

정리하면, 현재 많은 나라가 재정 적자를 겪고 있고 동시에 고령화가 심화됨에 따라 미래 재정건전성에 대한 불안이 증가하고 있다. 그만큼 재정의 지속가능성에 대한 의문이 커지면서 재정건전성 프레임이 영향을 발휘하는 시대적 조건이 형성돼 있다. 이러한 상황에서는 재정이 정부의 국정과제를 수행하는 정책 수단이 되기보다는 자신의 건전성 확보 자체가 목표로 자리잡는다.

재정건전성 프레임이 지닌 보수적 효과

20세기 중·후반과 달리 현재는 재정 의제를 둘러싼 국제적 정치경제 환경이 크게 바뀌고 있다. 재정건전성이 중요한 프레임으로 등장했고, 재정건전성 프레임이 가지는 정치적 의미도 보수적 성격으로 전환되고 있다. 이러한 재정건전성 프레임은 진보 진영의 복지 확대 주장을 봉쇄하는 효과를 발휘한다. 한국의 보편 복지 세력이 근래 글로벌 차원에서 전개되는 재정건전성 프레임의 정치적 효과를 경계해야 하는 이유이다.

현재 한국에서 재정 확충을 둘러싸고 보수 진영과 보편 복지 세력이 치열한 논란을 벌이고 있다. 만약 보편 복지 세력이 안이하게 재정건전성 프레임을 다룰 경우 복지 확충은 힘겨운 과제가 될 수 있고, 이는 막 본격적인 복지 확대 진입로에 접어든 한국에 큰 장벽으로 작용하게 될 것이다. 그만큼 한국 보편 복지 세력에 치밀한 복지 재정 전략이 요청된다.

2012년 4월 총선이 예상과 달리 보수 세력의 과반수 획득으로 끝났다. 보편 복지 세력의 안이한 대응도 비판받아야겠지만, 앞에서 보았듯이, 재정건전성 프레임이 보수적 효과를 발휘하기 시작했다는 점도 유념해야 한다. 보편 복지 세력이 복지 확충을 이야기하지만, 시민들이 수긍할 수 있는 재정 방안을 내놓지 못하면 복지 포퓰리즘이라는 비판에서 자유롭지 못할 것이다. 게다가 한국은 고령화 속도가 어느 나라보다 가파른 나라이다. 고령화 담론이 확대될수록 미래 재정의 지속가능성에 대한 불안이 증가하고, 보편 복지 세력이 내거는 '재정 확대를 통한 복지 강화' 보다는 보수 세력이 주장하는 '재정 관리를 위한 복지 억제' 주장이 힘을 얻을 수 있다.

이명박 정부의 재정건전성 정치

보수 세력의 이러한 움직임은 이미 이명박 정부에서 진행되고 있다. 2012년 4월 이명박 정부가 '2012년도 재정전략회의'를 개최했다. 재정전략회의가 내세운 2012~16년 재정 운용의 목표는 "균형재정의 회복 및 유지"로 요약된다. 이는 2011년 재정전략회의가 설정했던 "지속가능한 재정"과 유사한 목표이다.

지금까지 개최되었던 재정전략회의 핵심 과제들을 보면 이명박 정부의 재정 운영의 변화를 엿볼 수 있다. 이명박 정부가 집권 초반 재정전략회의

〈표 6〉 이명박 정부 재정전략회의 목표

	목표	평가
2008	선진 일류 국가 건설	국정 사업 중심
2009	경제 재도약과 미래 대비	
2010	지속가능한 재정건전성	재정 관리 중심
2011	지속가능한 재정	
2012	균형 재정 회복 및 유지	

에서 내세운 핵심 과제는 "선진 일류 국가 건설"(2008), "경제 재도약과 미래 대비"(2009) 등 일반적인 국가 목표였다. 그러나 2010년부터는 "지속가능한 재정건전성"(2010), "지속가능한 재정"(2011), "균형 재정 회복 및 유지"(2012) 등 재정건전성을 핵심 국정 과제로 삼고 있다.

이는 우리나라 국가 재정이 미래 국정 영역을 확장하는 적극적 역할보다는 '재정건전성'이라는 관리적 목표에 묶여 있다는 점을 시사한다. 이렇게 이명박 정부는 재정건전성 프레임을 강조하며 '균형 재정' 담론으로 보편 복지 세력에 대응하고 있다. 실제 이명박 정부는 2012년 예산안을 제출하면서 어느 때보다 강력한 재정 준칙을 적용했다. 재정 준칙이란 2010년부터 이명박 정부가 재정건전성을 확보하기 위해 정한 규율로서 재정 지출 증가율을 세입 증가율보다 2~3%포인트 낮게 두는 예산 편성 원칙이다. 2012년 예산안에서 이명박 정부가 적용한 재정 준칙 수치가 무려 4%포인트이다. 2012년 총수입 증가율이 9.3%인 데 반해 총지출 증가율은 5.3%에 불과하다.

이러한 재정 준칙이 구현되면 정부는 2009년 GDP 4.1%(43.2조 원)에 달했던 재정 적자가 2013년에 거의 균형에 도달할 것으로 전망한다. 실제로 정부가 제출한 2013년 예산안을 보면 경기 침체가 예상됨에도 재정 수지 적자를 GDP 0.3%(4.8조 원) 수준으로 억제해 사실상의 균형 재정을 목표로 삼고 있다.

한편 이명박 정부는 재정 준칙뿐만 아니라 이를 정착시키기 위한 관련 기구들도 설치해 나가고 있다. 2011년 4월부터 '재정위험관리위원회'가 설립돼 분기마다 운영되고 있으며, 2011년 12월부터는 '장기재정전망협의회'를 가동시켜 구체적인 작업을 벌이고 있다. 이 기구들을 통해 미래 한국이 직면할 저출산 고령화에 따른 재정 위험을 지금부터 관리하겠다는 것이다. 앞으로 이 기구들은 다양한 미래 재정 수치를 생산하고 재정 안정화를 위해서는 복지 확대가 곤란하다는 메시지를 계속 던질 것이다.

'어떤' 균형 재정인가

2008년 금융위기 이후 많은 나라가 재정위기를 겪고 있다. 저출산 고령화 역시 누구도 부정할 수 없는 현실이다. 그만큼 재정 안정성 목표를 달성하기 위해 균형 재정이 강조되고 있다. 하지만 대응 방향은 어떤 전략을 수립하느냐에 따라 달라질 수 있다. 재정건전성은 세입과 세출의 균형을 맞추는 일인데, 보편 복지 세력은 세입 확충을 통해 균형을 확보하려 하는 반면, 이명박 정부는 지출 억제를 통해 재정건전성을 도모하려 한다.

결국 '어떠한' 균형 재정인가가 중요하다. 재정이 본연의 역할을 다하면서 달성하는 '긍정적positive' 균형 재정인가, 아니면 본연의 역할을 방기하면서 안주하는 '부정적negative' 균형 재정인가? 이를 위해선 문제의 원인을 제대로 진단하는 것이 중요하다. 만약 세입의 부족으로 재정 균형이 깨졌다면 세입 증가가 적절한 답이고, 과도한 지출이 원인이라면 지출 통제가 필요한 대응 전략이다.

유럽에서 그리스, 포르투갈, 스페인 등이 재정위기를 겪고 있다. 2008년 금융위기를 계기로 GDP 대비 세입 비중이 다소 줄어든 반면 지출은 늘어나 세입과 지출의 균형이 깨졌기 때문이다. 세입은 경제위기에 직접적으로 영향을 받지만 지출은 상대적으로 비탄력적이고 경제위기 대응 과정에서 늘어났다. 기존 재정 수지 악화에 세입, 세출 모두 영향을 미친 셈인데, 특히 세출 요인이 컸다.

〈표 7〉 OECD 국가 주요 세목 비교

(단위 : GDP %, 2009년)

	조세부담률(A)	사회보장기여금(B)	국민부담률(A+B)
한국	19.7	5.8	25.5
OECD	24.6	9.2	33.8
차이	4.9	3.4	8.3

출처 : OECD(2011), Revenue Statistics 1965-2010 OECD.

우리나라는 어떤가? 한국 역시 2009년 경제위기에 대응하느라 재정 지출이 다소 늘어났다. 하지만 이보다 중요한 것은 우리나라의 세입이 구조적으로 너무 적다는 점이다. 〈표 7〉을 보면, 2009년 한국의 조세부담률은 GDP 19.7%로 OECD 평균 24.6%에 비해 4.9%포인트, 국민부담률은 한국이 25.5%로 OECD 평균 33.8%에 비해 무려 8.3%가 낮다.

세입이 적은 만큼 한국의 국가재정 규모도 작을 수밖에 없다. 〈그림 4〉에서 보듯이, 2011년 한국의 국가재정 규모는 GDP 30.1%로서 OECD 평균 43.2%, 유로존 평균 49.4%에 비해 턱없이 작다. 이는 나라가 본연의 역할을 다하기 어려울 만큼 빈약한 재정이고, 우리나라 중앙 정부와 지방 정부가 항상 예산 부족에 허덕이는 근본 원인도 여기서 비롯된다. 우리나라는 절대규모에서 재정지출이 적은 나라이다. 이러한 상태에서도 재정 불균형이 초래되었다면 그것의 근본 원인을 지출이 아니라 세입에서 찾아야 한다. 따

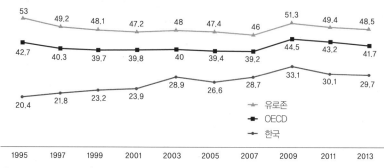

〈그림 4〉 GDP 대비 국가재정 규모 비교

	1995	1997	1999	2001	2003	2005	2007	2009	2011	2013
유로존	53	49.2	48.1	47.2	48	47.4	46	51.3	49.4	48.5
OECD	42.7	40.3	39.7	39.8	40	39.4	39.2	44.5	43.2	41.7
한국	20.4	21.8	23.2	23.9	28.9	26.6	28.7	33.1	30.1	29.7

출처 : OECD(2012), Economic Outlook no. 91(May).

라서 우리나라 재정 구조를 제대로 세우려면 그 방향은 세입을 늘리는 증세가 기본 방향이어야 한다.

그런데 이명박 정부에서 어떤 일이 벌어졌는가? 우리나라 재정 규모가 빈약함에도 임기 5년간 총 82조 3천억 원 규모의 대대적인 감세가 행해졌다.[6] 그런데도 이명박 정부는 지출 통제를 통하여 재정건전성을 추구하고 있다. 감세 → 재정 빈약 → 지출 통제의 악순환이다. 〈그림 4〉에서 보듯이, 이 흐름이 계속될 경우 한국의 국가재정 규모는 2011년에는 30.1%에서 2013년에는 29.7%로 내려갈 전망이다.

정리하면, 글로벌 차원에서 확산되는 재정건전성 프레임에 편승하여 이명박 정부가 강력한 지출 통제 조치를 취하고 있다. 정부가 내세우는 '균형재정'은 우리나라의 빈약한 재정 구조를 더욱 왜곡시키는 '부정적' 균형 재정이다. 나라가 제 역할을 다하려면 재정이 재정다워야 한다. 우리나라 재

---

6) 출처 : 국회예산정책처, "2008년 이후 감세정책 현황"(2012. 7. 20.)

정이 안고 있는 근본적 문제는 직접세 수입이 적어 국가재정 규모가 빈약하다는 점이다. 지금 대한민국에 필요한 것은 재정이 본연의 역할을 잃지 않는 '긍정적' 균형 재정이다. 관건은 세출이 아니라 세입에 있다. 나쁜 균형 재정은 향후 복지 지출을 문제삼지만, 좋은 균형 재정에게는 재정 확충이 승부수이다. 우리나라 보편 복지 세력의 과제가 무겁다.

06

지출 개혁, 과세 형평성으로 세금 정의를 세워라!

우리나라는 OECD 회원국으로는 부끄러울 정도로 복지가 취약하지만, 근래 복지 민심의 등장으로 앞으로는 복지 지출이 크게 늘어날 수밖에 없는 상황이다. 이에 보편 복지를 주창하는 세력은 실질적인 세입 확대 방안을 제시해야 한다. 그런데 우리나라에선 조세 저항이 만만치 않다. 이것이 보편 복지 세력 앞에 던져진 과제이다.

보편 복지 세력이 이 과제를 제대로 풀어 가고 있는가? 2011년부터 보편 복지 세력을 중심으로 재정 방안 논의가 진행돼 왔다. 그런데 얼마가 필요하며 어디서 재정을 마련할지를 두고 좀처럼 논의를 모으지 못하고 있다. 급식, 보육, 의료, 등록금, 일자리 등 복지 요구는 계속 확장되고, 그 필요 재정 규모는 이미 재정 지출 개혁을 통해 조달할 수 있는 수준을 넘고 있는데도, 재정 방안은 당위적 수준에 머물고 있다. 세입이 승부수인데, 이 장벽을 넘어서지 못하고 있는 것이다.

조세 저항을 어떻게 넘어설 것인가?

증세를 어떻게 추진할 것인가? 이는 국민들이 지닌 조세 저항을 어떻게 넘어설 것인가, 증세를 지지하는 세력을 어떻게 형성할 것인가의 문제이다. 나는 종종 증세를 외치는 자, 누구보다 세금 정의 구현에 전력을 다해야 한다고, 그래야 증세를 추진하는 발언권이 생겨날 수 있다고 강조한다. 무엇보다 성공적인 증세를 위해서는 국민들의 조세 정의감과 소통해야 하기 때문이다.

우리나라에서 세금을 이야기하면 이구동성으로 제기되는 문제가 취약한 과세 형평성이다. 우리나라는 소득 자료를 확보하기 어려운 자영업자층이 전체 고용의 30%에 육박하고, 대기업과 부유층은 세제 틈새를 악용해 구조적 탈세를 누려 왔으며, 징수 행정마저도 투명하지 못하다.

이처럼 취약한 과세 형평성은 국민들의 조세 저항의 근거로 작용하고 있고, 한국의 조세부담률이 낮음에도 증세 논의가 봉쇄되어 왔다. 과세 형평성은 세금 탈루를 방지하는 것뿐만 아니라 모든 사회구성원이 소득에 따라 적절하게 세금을 내야만 확보될 수 있는 가치이다. 우리나라가 직면해 있는 과세 형평성의 문제를 수평적 형평성과 수직적 형평성으로 나누어 살펴보자.

세금이 새고 있다

우리나라에서 근로자의 지갑은 '유리알'이라 비유된다. 실제 소득의 일부를 사업 비용으로 처리할 수 있는 자영업자에 비해 소득이 투명하게 노출되어 있다는 이야기이다. 한국조세연구원이 통계청의 가계 조사 자료를 토대로 추정한 연구에 의하면 자영업자의 사업 소득세 탈루율이 17~23%에 이른다.

수평적 형평성을 방치하는 대표적인 요인은 간이과세 제도이다. 현재 연간 매출액이 4,800만 원 미만 자영업자는 간이과세자로 분류되어 업종별로 매출액의 1.5~4%를 부가가치세로 납부하는데, 과세 자료에 따라 엄격히 세금이 부과되기보다는 관행과 추정에 따른다. 물론 간이과세자 대부분이 영세 자영업자여서 실제 소득이나 세금 탈루가 금액에서 크지 않을 수 있으나, 이로 인해 과세 형평 원칙이 훼손되고, 이들과 사업 관계를 맺는 다른 자영업자, 기업 등의 소득 자료 역시 불투명해지는 문제로 전이되고 있다.

자영업자 탈루에서 가장 심각한 대상은 현금을 주로 다루는 숙박업, 고급주점, 학원, 병원 들이다. 〈그림 5〉에서 보듯이, 국세청이 2011년 탈루 의혹이 있는 고소득 자영업자 596명을 대상으로 벌인 기획 조사에서 소득 탈루

〈그림 5〉 국세청 기획 조사에 따른 고소득 자영업자 소득 탈루율

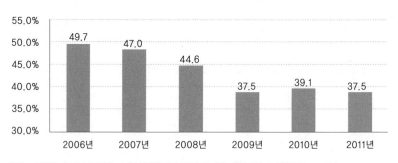

출처 : 국세청, "고소득전문직 · 부동산임대업자 70명에 대한 세무조사 실시"(2012. 6. 13.)

율이 37.5%로 드러났다. 이전보다는 개선되었지만 고소득 자영업자의 탈세가 여전히 근절되지 않고 있다.

누더기처럼 복잡해진 근로자 소득 공제

이처럼 자영업자 소득 탈루가 관행화됨에 따라 자연스럽게 근로소득자와의 형평성 문제가 제기된다. 이를 보완하기 위한 수단이 근로자에게 제공되는 다양한 소득 공제이다. 예를 들어 2010년 근로소득자의 총급여가 401조 원이지만, 근로자의 재생산에 사용된다는 명목으로 130조 원이 근로소득 공제로 제외되고, 여기에 다시 인적 공제, 보험료, 의료비, 신용카드 공제 등 특별 공제가 이루어져 실제 소득세가 적용되는 과세표준 소득은 145조 원으로 줄어든다. 국세청의 입장에서 근로자들의 한 해 소득이 401조 원이 아니라 145조 원인 셈이다. 이 과표소득 금액에 법정 소득세율이 적용돼 18.3조 원의 세금이 산출되는데, 또다시 다양한 세액 공제가 이루어져 최종적으로 근로자들이 내는 세금은 15.6조 원으로 낮아진다.

이처럼 근로소득자에게 근로소득 공제, 특별소득 공제가 제공됨으로써 근로소득자의 소득세 구조가 복잡해져 버렸다. 간이과세자들은 명확한 자료 없이 관행에 따라 세금을 납부하고, 고소득 자영업자는 부실한 과세 체계를 악용해 탈루를 일삼고 있으며, 이를 상쇄하기 위해 근로자에게는 광범위한 소득 공제가 제공됨에 따라 과세 체계가 누더기가 된 것이다. 이러한 상황에서는 너 나 할 것 없이 가능한 한 세금을 줄이는 데 앞장서는 '절세 혹은 반조세' 담론이 강하게 자리 잡게 된다.

자영업자 과세 인프라 개선 시급

자영업자 과세 인프라를 어떻게 개선할까? 오랫동안 관행으로 방치되어 온 문제라 단기간에 해결하기는 어려운 과제이다. 그래도 종합 개혁 프로그램을 가동시켜야 하고, 인력이 투입되어야 하는 과세 행정의 개혁도 절실하다.

첫째, 간이과세 제도를 폐지해야 한다. 간이과세제는 영세사업자 과세 행정을 지원한다는 취지에서 도입되었으나 소득 자료를 불투명하게 만들어 관세 인프라를 훼손하는 부작용이 크다. 이에 현행 4,800만 원 미만 매출 자영업자에게 세금영수증 발행을 면제해 주는 간이과세 제도를 없애는 것이 바람직하다. 물론 이 과정에서 영세 사업자에게 불이익이 발생하지 않도록 해야 한다. 과세 자료 작성을 지원하는 세무 서비스를 무료로 제공하고, 이전에 비해 부가가치세 납부액이 일정 한도를 넘지 않도록 보완 조치도 필요하다.

둘째, 부가가치세를 누진제로 개편해 과세 인프라도 강화하고 계층별 형평성도 높여야 한다. 현재는 물건 값에 부가가치세가 10% 부과된다. 부가가치세율을 올리고 대신 일정 금액까지 부가가치세를 환급하는 시스템을 도입하자. 그러면 부가가치세가 누진적 효과를 내게 되고 과세 인프라 개선에도 기여할 것으로 기대된다.

예를 들어 부가가치세를 20%로 인상하고 200만 원까지 환급해 주도록 해 보자. 그러면 1,200만 원(물건 값 1,000만 원+부가가치세 200만 원)의 물품을 구입한 소비자는 200만 원을 환급받는다. 이 사람은 자신이 이미 낸 부가가치세 몫 200만 원을 모두 돌려받았으므로 실효세율은 0%가 된다. 현재는 실효세율이 10%이므로 오히려 세 부담이 가벼워졌다. 2,400만 원 소비자는 물건 값 2,000

만 원에 부가가치세 20%인 400만 원을 납부하였는데 200만 원을 환급받으면 실효세율은 2,000만 원 소비에 200만 원만 낸 것이어서 10%이다. 지금과 동일하다. 대신 2,400만 원을 넘는 소비자부터는 200만 원을 환급받아도 부가가치세 실효 세율은 10%가 넘게 될 것이다. 이러한 누진적 부가가치세는 부가가치세의 역진성을 해소할 뿐만 아니라 이 과정에서 소비자들이 환급 신청을 위해 영수증을 챙기게 되므로 과세 인프라를 구축하는 효과까지 거둘 수 있다.[7]

셋째, 국민의 지탄의 대상이 되고 있는 고소득 자영업자 탈세 근절이 중요하다. 이들의 탈세가 방치되는 것은 실제 탈세 행위를 하더라도 적발될 가능성이 높지 않다고 여기기 때문이다. 이들에 대한 과세 행정을 강화하는 것이 급선무이다. 우리나라 종합소득세 세무조사 비율을 보면, 〈그림 6〉에서 보듯이, 종합소득자(자영업자)의 경우 2008년 0.11%, 법인의 경우 0.76%에

〈그림 6〉 국세청의 세무조사 비율 추이 및 비교

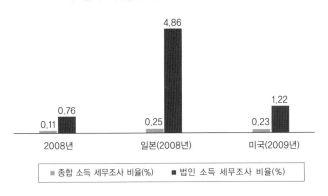

■ 종합 소득 세무조사 비율(%)　　■ 법인 소득 세무조사 비율(%)

출처 : 정재호, 「공정한 사회와 우리나라 조세정책 방향」, 한국조세연구원, 2011.

---

7) 이에 대해서는 유종일, 「부가가치세를 누진세로 만들자」, 『이코노미 인사이트』 2011년 5월호 참조.

불과해 일본, 미국 등에 비해 세무조사 강도가 약하다. 이에 세무조사 요원을 늘려 세무조사 비율을 높여야 하고, 탈세를 담당하는 상설 조직을 신설해 탈세 유형별로 전문 요원들을 배치해야 한다.

넷째, 신용카드, 체크카드, 현금영수증 사용을 더욱 확대해 거래 내역이 확인되는 지출을 늘려야 한다. 근래 민간 소비 지출에서 신용카드와 현금영수증 사용이 차지하는 비중이 꾸준히 늘어나 2003년 44%에서 2010년에 78%로 확대되었다. 그럼에도 한계는 있다. 우선 신용카드와 체크카드 사용 수수료가 높아 제약 요건이 되고 있다. 신용카드 수수료를 대폭 낮추고 체크카드와 현금영수증 사용을 늘려야 한다. 또한 여전히 무자료 거래, 현금 매출 누락 행위가 존재한다. 현재 일부 업종에 한정돼 시행하고 있는 '현금 수취 거래 보고제'를 모든 사용자에게 확대하고 이를 어길 시 벌금을 강화해야 한다(현재는 누락 차액의 1%만 가산세 부과).

다섯째, 영세업자와 성실 납세자에 대해서는 다양한 지원 제도를 도입해 납세 문화가 정착되도록 해야 한다. 예를 들어, 성실 납세자에게는 '성실 납세' 인증을 교부하고, 일정 기간 세무조사 면제, 조달청 물품 구매시 가산점 강화, 금융 조달시 보증 인센티브 등 다양한 방안을 적극 검토해야 한다. 또한 일반 시민이 참여하는 '세파라치' 활동도 더욱 독려해 시민이 과세 정의의 주체로 나서게 해야 한다.

버는 만큼 더 내는 수직적 형평성 확보해야

우리나라 과세 체계가 지닌 또 하나의 문제는 소득 계층별 과세 부담이 형평하지 못하다는 점이다. 즉 상위 계층 소득자, 재벌 대기업들이 제대로 세금을 내고 있지 않다는 이야기이다. 다섯 가지 영역에서 그 문제점을 살펴보자.

첫째, 근래 우리나라 과세에서 수직적 형평성을 훼손한 대표적 조치는 이명박 정부가 추진한 부자 감세이다. 이명박 정부는 2008년 소득세, 법인세, 종합부동산세 등 대표적인 직접세의 감세를 단행했다. 이에 대한 국민들의 저항으로 이후 소득세 최고 구간이 신설되고, 법인세 최고 구간 인하가 일부 중단되었지만, 전체적으로 5년간 총 82.3조 원의 세수 결손이 야기됐다. 직접세가 누진세율 구조를 가지고 있는 까닭에 이러한 감세 조치는 상위 소득과 대기업일수록 혜택을 입는 부자 감세 효과를 낳게 된다.

둘째, 금융 소득에 대한 취약한 과세도 심각한 문제이다. 대표적으로 주식 양도 차익, 파생 금융 상품 차익, 종합 금융 소득에 대한 과세가 허술하다. 2012년 현재 개인 투자자(지분 3% 또는 금액 100억 원 미만)의 경우 주식 양도 차익에 비과세가 적용된다. 이 비과세 조치는 과거 자본 시장 육성 방안으로 시작되었던 것인데, 우리나라 주식 시장이 크게 발전해 있는 현재 상황에서는 이러한 특혜가 존속될 이유가 없다.

파생 금융 상품의 경우는 양도 차익 과세뿐만 아니라 거래세도 모두 비과세이다. 파생 금융 상품은 1995년 선물거래법 제정으로 우리나라에 도입되었는데, 지금까지 과세 사각지대로 방치되어 왔다. 이명박 정부와 민주통합당이 제출한 2012년 세제 개편안에는 모두 파생 금융 상품에 대한 증권거래세 도입 방안이 포함되어 있다. 과거에 비해선 전향적인 조치이지만, 여전히 세율이 낮고(정부 0.001%, 민주통합당 0.01%) 파생 금융 상품 양도를 통해 얻은 소득에 대한 과세는 방치되고 있다.

셋째, 우리나라 대기업의 법인세 부담이 작다. 경제 개발 지원을 명분으로 기업에 대한 세금 감면이 많기 때문이다. 주로 수출에 주력하는 대기업들이 정부 환율 방어 지원뿐만 아니라 세제에서도 큰 혜택을 보고 있다. 2010년 기준 우리나라 법인세 최고 세율은 24.2%(지방세 포함)로서 OECD 평균 25.6%와 엇비슷하다. 그런데 고용창출투자세액 공제(구 임시투자세액 공제), 연구·인력개발비세액 공제 등 세금감면 조치가 사실상 대기업에 집중됨으로써 대기업이 실제 내는 법인세 실효세율이 중소기업보다 낮은 결과가 초래되고 있다. 〈표 8〉에서 확인되듯이, 2010년 중소기업의 실효 세율이 22.0%인 데 반해 대기업의 실효 세율은 16.5%에 불과하다.[8]

〈표 8〉 실효 법인세율

(단위 : %, 2010)

전체	기업 규모	
	대기업	중소기업
17.5	16.5	22.0

출처 : 참여연대, 「이슈리포트 : 재벌·대기업에게 큰 혜택이 집중되는 현행 법인세제 개편 방향」(2012. 5. 10.)

넷째, 부동산 자산에 대한 과세가 빈약하다. 전반적으로 부동산 보유세가 낮은데, 특히 종합부동산세가 이빨 빠진 호랑이로 전락했다. 〈표 9〉에서 보듯이, 이명박 정부의 부자 감세로 인해 2007년 2조 8천억 원이었던 종합부동산세가 2009년부터 1조 원 수준으로 낮아졌다. 우리나라 부동산 소유가 편중되어 있고 이로 인해 부동산 투기가 조장되고 있는 점을 감안하면 종합

---

8) 위 참여연대 자료에 나와 있는 법인세 세액 감면 현황을 보면, 2010년 우리나라 법인세 세액 공제가 무려 5조 6천억 원에 달하고, 이 중 79%인 4조 4천억 원이 대기업에 제공되었다.

<표 9> 종합부동산세 세액 현황

(단위 : 조 원)

	2006	2007	2008	2009	2010	2011	2012
세액	1.7	2.8	2.3	1.0	1.1	1.1	1.1

출처 : 국세청(2011), 『2011 국세통계연보』

부동산세의 강화는 시급한 과제이다.

다섯째, 우리나라 사회보장기여금이 낮은데, 그중에서도 특히 고용주 몫이 작다. 〈표 10〉을 보면, 2009년 우리나라 사회보장기여금 비중이 GDP 5.8%로 OECD 평균 9.2%에 비해 3.4%포인트 낮다. 이것을 고용인과 피고용인 몫으로 나누어 살펴보면, 피고용인의 사회보장기여금 비중은 GDP 2.4%로 OECD 평균 3.2%보다 조금 낮고, 고용인의 사회보장기여금 비중은 2.6%로 OECD 평균 5.2%의 절반에 불과하다. 우리나라는 노사 모두 사회보험료를 적게 내고 있는데, 특히 고용주가 사회적 책임을 크게 회피하고 있는 것이다.

<표 10> OECD 국가 사회보장기여금, 국민부담률 비교

(단위 : GDP %, 2009년)

	사회보장기여금				조세부담률	국민부담률
	고용인	피고용인	기타*	계		
스웨덴	8.6	2.8	0.0	11.4	35.3	46.7
영국	3.9	2.7	0.2	6.8	27.6	34.3
독일	6.8	6.3	1.4	14.5	22.9	37.3
미국	3.3	2.9	0.4	6.6	17.6	24.1
룩셈부르크	4.8	5.1	1.5	11.4	26.3	37.6
일본	5.0	5.0	1.0	11.0	15.9	26.9
한국	2.6	2.4	0.8	5.8	19.7	25.5
OECD	5.2	3.2	0.5	9.2	24.6	33.8

출처 : OECD(2011), Revenue Statistics 1965-2010 OECD 통계사이트(http://stats.oecd.org/index.aspx). 사회보장기여금의 기타*에는 자영업자, 국가 몫 등이 포함.

세금정의세우기국민위원회 설립하자

우리나라는 소득세, 법인세, 사회보장기여금, 종합부동산세 등 직접세마다 한계를 지니고 있고, 이에 따라 세입도 부족하고 조세 정의도 훼손되고 있다. 이에 대한민국 국가운영 인프라를 혁신한다는 취지를 가지고 대대적인 재정·조세 개혁운동이 필요하다.

우선 재정 지출 낭비를 근절해 국민의 세금이 적절히 쓰이도록 해야 한다. 이를 위해 시민, 전문가, 정부가 참여하는 '세금정의세우기국민위원회'를 설립하자. 이 위원회는 재정 편성 내역의 적절성을 평가해 토목 중심의 기존 재정 지출을 복지와 사람 중심으로 전환해 나가고 세제 개혁에도 박차를 가해야 한다.

우리나라 세목 중에서 가장 취약한 것이 소득세이다. 2009년 우리나라 소득세 규모는 GDP 3.6%로 OECD 평균 8.7%에 비해 무려 5.1% 포인트가 작다. 2012년 기준 금액으로 계산하면, 65조 원이나 부족하다. 낮은 최고 세율, 최고 세율 적용 대상자의 작은 규모, 다양한 조세 감면, 과세 사각지대 및 탈루 등이 복합적으로 작용한 결과이다.

소득세 영역에는 근로소득세, 종합소득세뿐만 아니라 금융자산과 부동산 매매차익에 따른 양도소득세, 금융소득종합과세와 관련된 이자배당 소득 등 다양한 세금이 존재한다. '소득세 제대로 내기' 종합 개혁 프로그램이 마련돼야 한다.

법인세 강화도 중요한 과제이다. 앞에서 지적했듯이 우리나라 대기업의 실효세율은 평균 16.5%에 불과하므로 과세 형평성 차원에서 법인세 감면 정비가 이루어져야 한다. 대표적인 세금 감면 항목을 꼽으면, 상시 세액 공제 제도로 전락한 임시투자세액 공제(현재 고용창출투자세액공제), 대부분 대기업에 돌아가는 연구·인력개발비세액 공제이다. 2011년 기준 두 세액 감면 규모가 4.7조 원에 달한다.

특히 우리나라 기업들은 법인세와 별도로 사회보장기여금에서 외국 기업에 비해 부담이 매우 적다. 앞에서 보았듯이, 2009년 기업의 사회보장기여금 부담이 GDP 2.6%로 OECD 평균 5.2%의 절반에 머문다. 우리나라 기업에는 사회보장기여금 납부가 적은 만큼 법인세의 인상 여지가 있다. 이윤이 1,000억 원을 초과하는 경우 현행 22% 세율을 30%까지 인상하자는 시민단체나 진보정당의 주장에 귀기울여야 한다.

부동산 세제도 개혁 대상이다. 낮은 부동산 보유세가 핵심 문제인데, 특히 종합부동산세를 대폭 강화해야 한다. 현재 1조 원 안팎에 불과한 종합부동산세를 최소한 노무현 정부 수준으로 원상회복해야 한다.

참으로 조세 개혁을 위해 넘어야 할 산이 한둘이 아니다. 세금 구조가 복잡하고 세목도 많다. 이러한 상황에서 어떻게 증세를 추진하는 것이 적절할까? 의제가 난해한 만큼 현재의 세금 실태, 조세 저항, 시민들의 복지국가 열망 등을 종합적으로 고려한 복지국가 증세 전략이 요청된다. 다음 장에서 이에 대한 나의 방안을 제안한다.

07

소득별 보편 증세를 제안한다
: 함께 내세, 사회복지세!

어떤 세목으로 어떻게 증세할 것인가? 이때 논점은 두 가지이다. 하나는 소득세, 법인세 등 일반 세금을 활용한 증세인가, 혹은 복지 지출과 연동된 복지 목적세 신설인가? 또 하나는 부자들에게만 증세할 것인가, 아니면 중간 계층도 포함하는 '보편 증세'를 추진할 것인가?

첫 번째 논점에서 나는 일반 세목의 인상보다는 복지 지출과 연동시키는 목적세 방식의 증세를 지지한다. 우리나라처럼 재정 지출에 대한 불신이 큰 곳에서는, 지출 항목이 정해져 있지 않은 일반 세목 증세보다는 복지 지출로 사용처가 정해져 있는 복지 목적세 방식의 증세 운동이 효과적이라고 보기 때문이다. 그래서 사회복지세 도입을 제안한다.

두 번째 논점에서 나는 소수에게만 증세 책임을 지우는 부자 증세보다는 가능한 다수의 시민이 증세에 참여하면서 부자에게 세금 책임을 요구하는

'소득별 보편 증세' 방식을 지지한다. 그래야만 증세가 사회적 의제로 공론화되고, 재정 지출과 과세 인프라 개혁 열기도 높아지며 이를 통해 시민들도 활력 있는 복지주체로 성장하리라 기대하기 때문이다.

과연 보편 증세는 여전히 독배인가?

정치권을 중심으로 선거에서 '보편 증세는 독배'라는 이야기가 퍼져 있다. 그만큼 우리나라 국민들의 조세 저항이 큰 게 사실이다. 하지만 근래 보편 복지 민심이 부상하면서 증세에 대한 여론에 변화가 생겨나는 점을 눈여겨봐야 한다. 조사 기관에 따라 수치가 다양하지만, 증세에 대한 지지율이 과거에 비해 상승하고 있는 것은 기본적 추세로 확인된다.

〈그림 7〉은 통시적 분석을 수행하고 있는 서울대학교 사회정책연구그룹의 조사 결과이다.[9] 2006년에서 2008년 사이 '복지 확대를 위한 증세 필요성'에 동의하는 비율에 큰 변화가 없으나 2010년에는 27.3%에서 39.6%로 의미있는 증가를 보인다. 특히 동의와 반대 수치만을 비교하면 동의에 응답한 사람들의 비율이 높다. 이는 공론의 광장이 마련된다면 정치권의 우려와 달리 진취적인 방향에서 증세에 대한 토론이 가능하다는 점을 시사한다. 또한 〈그림 8〉에서 보듯이, 한국사회과학자료원이 청소년을 상대로 벌인 조사에서도 무려 70.8%가 복지를 위한 증세를 지지하고 있다. 비록 세금 책임에서 자유로운 청소년들의 응답이지만 미래 세대가 복지와 세금의 관계를 어떻

---

9) 사회정책연구그룹의 여론 조사는 한국갤럽에 의뢰해 이루어졌는데, 연말에 약 1,200명의 유효 표본을 대상으로 구조화된 질문지를 가지고 직접 방문해 개별 면접 방식으로 이루어졌다. 종종 보도되는 언론 기관의 간이 조사에 비해 매우 신뢰성이 높은 조사이다.

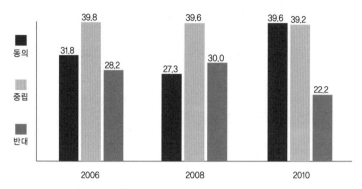

〈그림 7〉 복지 확대를 위한 증세 필요성

동의
중립
반대

2006   31.8   39.8   28.2
2008   27.3   39.6   30.0
2010   39.6   39.2   22.2

출처 : 안상훈, "한국 복지 정치의 지형"(한국사회복지정책학회 2011 춘계학술대회 발표문 2011. 6. 3.)

〈그림 8〉 청소년들의 복지와 세금에 대한 인식 (표본 9,367개)

〔질문〕 세금을 더 걷더라도 사회적 약자 보호를 위한 복지 정책을 한층 강화해야 한다.

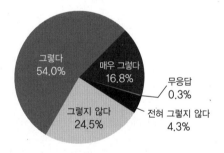

그렇다
54.0%

매우 그렇다
16.8%

무응답
0.3%

그렇지 않다
24.5%

전혀 그렇지 않다
4.3%

출처 : 한국사회과학자료원(2010), 『청소년 사회의식 조사 CODE BOOK』

게 생각하고 있는지를 보여 주고 있다.

보편 복지 담론이 확장되고 복지 재정에 대한 논의가 본격화된 것이 2011
년부터라는 점을 생각하면 그 이후 복지 증세에 대한 지지도는 더욱 높아졌
을 것이라 추정된다. 특히 소수 부자에 대한 증세뿐만 아니라 시민들이 스
스로 참여하는 '보편 증세'에 대한 의식 변화를 주목해야 한다.

최근의 자료로는 2012년 10월 『경향신문』이 창간 66주년 기념으로 리서치 플러스와 함께 벌인 여론조사 결과가 있다. 여기서 "복지 확대를 위해 세금을 더 부담할 의향이 있느냐"는 직접적인 질문에 응답자의 55.2%가 그렇다고 대답했고, 이에 반대하는 답변은 44.3%로 오히려 적었다.

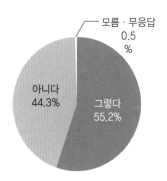

〈그림 9〉 복지 확대를 위한 세금을 더 낼 수 있나

출처 : 경향신문, 「경향신문 창간 66주년 기획 여론조사」 (2012. 10.)

이러한 조사 결과는 우리가 놓치지 말아야 할 중요한 의미를 전해 준다. 단순히 증세 여부에 대한 정책적 찬반이 아니라 본인이 더 낼 용의가 있다는 질문에 대해 과반수 시민이 동의를 나타냈다는 것은 보편 복지를 바라는 시민들의 마음속에 중요한 변화가 생기고 있다는 점을 보여 준다. 이미 시민들은 의미 있는 '복지 체험'을 하고 있고, 복지국가 실현을 위한 현실적인 방안을 찾고 싶어 한다는 해석이 가능하다.

그런데 지금까지 복지국가 논의를 이끌어 가는 정치권, 시민단체들에서 소득별 보편 증세를 지지하는 목소리를 거의 들을 수 없다. 보편 복지를 주창하는 민주통합당, 진보정당뿐만 아니라 참여연대, 민주노총 등 주요 시민

노동단체 역시 소수 상위 계층의 재정적 책임을 강조하는 부자 증세 입장을 취하고 있다.

이런 질문을 던져 보고자 한다. 복지 민심은 어느새 소득별 보편 증세를 전향적으로 받아들이기 시작한 건 아닐까? 복지국가 담론을 주도하는 상층 정치인과 시민 활동가들 스스로 과거 경험 틀에 갇힌 채 변화해 가는 복지 민심을 따라잡지 못한 것은 아닐까? 기존 방식으로 여론을 재단하고 있었던 것은 아닐까?

왜 보편 증세인가?

변화하는 민심을 주목하자. 과거에는 세금이 형평에 맞지 못한 부정의의 표상, 이것 하나였다. 그런데 지금은 미래 복지국가의 토대라는 또 하나의 생각이 자리잡기 시작했다. 저항과 건설이라는 두 가지가 함께 존재한다. 시민들의 이 복잡한 마음을 속시원히 내보이게 하는 전향적인 세금 정치가 요청된다.

나는 왜 '보편 증세'를 제안하는가?

첫째, 보편 증세를 우호적으로 바라보는 민심이 생겨나고 있다. 여전히 국민들의 조세 저항이 만만치 않지만 이전과 비교하면 매우 긍정적인 신호임에 틀림없다. 이는 특정 인물이나 정책에 대한 선호가 아니라 본인의 행위 방향에 대한 응답으로서 의미 있는 수치이다.

둘째, 근래 유의미한 복지 체험이 이루어지고 있다. 종종 '복지 체험'이 충분히 쌓여야만 보편 증세를 논의할 수 있다는 '선복지 후증세' 주장이 있지만 복지 체험을 양적인 범주로만 이해하는 것은 곤란하다. 복지 체험의 지표로서 더 중요한 건 복지에 대한 인식 틀이다. 이미 시민들은 급식, 보육, 국민건강보험, 기초노령연금 등을 경험하면서 복지를 부끄러운 것이 아니라 모두가 함께 누려야 하는 적극적 희망으로 여기기 시작했다.

셋째, 보편 증세 논의가 확산될수록 증세에 대한 오해를 불식시킬 수 있다. 종종 보편 증세에선 일반 서민들이 상당한 세금을 내야 한다는 '세금폭탄론'이 등장하지만, 사실 이 폭탄은 상위 계층 몫이다. 이명박 정부가 세율을 인하했을 때, 국민 감세가 아니라 부자 감세로 불렸듯이, 누진 구조인 직접세에서 보편 증세는 부자 증세의 성격을 띠게 된다. 보편 증세 논란이 깊어질수록 서민의 몫이 그리 크지 않다는 사실이 드러날 것이다.

이에 대해서는 사례를 통해 잠시 살펴보고 넘어가자. 〈표 11〉은 아이 1명이 있는 4인 가구 근로자의 소득세(지방소득세 포함) 실태를 정리한 것이다. 국세청이 제공하는 근로소득세 간이세액표에 의하면, 월 200만 원 소득의 근로자가 내는 소득세는 월 3,500원, 300만 원 소득자는 3만 원, 500만 원 소득

〈표 11〉 근로자의 소득세와 실효세율 (아이 1명 있는 4인 가구)

(2012년 원천징수 간이세액 기준)

월 소득	소득세	실효세율
200만 원 미만	0원	0%
200만 원	3,500원	0.2%
300만 원	3만 원	1.0%
500만 원	26만 원	5.2%
1000만 원	122만 원	12.2%
2000만 원	488만 원	24.4%

소득세는 지방소득세까지 포함한 금액.
출처 : 국세청 근로소득 간이세액 계산 사이트(http://www.nts.go.kr/cal/cal_06.asp)

자는 26만 원, 1천만 원 소득자는 120만 원을 낸다(최근 간이세액표가 상당히 현실화 되었다. 연말정산 절차를 감안하면 실제 내는 세금은 이 금액보다 10% 정도 줄어들 것으로 추정된다). 한편 소득이 월 200만 원 미만 근로자는 소득세를 내지 않는 면세자로 현재 전체 근로자의 약 40%가 이에 속한다. 따라서 실효세율로 보면 하위계층은 1% 미만이고 월 소득이 300만 원 근로자의 경우도 1%에 불과하다. 중간 계층 이하자의 경우 소득세 부담이 거의 없거나 미약하다고 볼 수 있다. 반면 소득세 누진 구조에 따라 소득이 높아 갈수록 실효세율이 올라가 월 2천만 원 소득자의 경우 24.4%에 이른다.

넷째, 보편 증세는 조세 정의를 세우는 강력한 에너지를 만들어 낸다. 국민들이 느끼는 조세 저항의 대부분은 비효율적 재정 지출과 취약한 과세 형평성에서 비롯된다. 그런데 정치권에서 제기하는 부유세 방식의 증세는 극소수 부유 계층에 해당되는 과세 대상의 세율을 인상하는 일로 종료될 뿐이다. 반면 보편 증세는 시민 다수의 증세 동의를 이끌기 위한 작업으로 재정 지출 혁신과 과세 인프라 구축을 동시 과제로 추진해 나갈 것이다.

다섯째, 보편 증세는 일반 시민들을 복지의 주체로 호명하는 일이다. 시민들은 스스로 조금이라도 기여할 때 복지 체제의 지속가능성에 책임을 공유하며 부자들에게 성실한 납세를 압박하는 '낼 테니 내라(내자)!' 운동에 적극 나설 수 있다. 특히 진보정당, 노동조합 등 전통적인 복지국가 주체 세력이 취약한 한국에서 보편 증세는 복지 시민을 주체로 나서게 하는 중요한 계기가 될 수 있다.

2012년 대선을 앞두고 보편 증세의 방향을 천명한 사람은 안철수 원장이다. 안 원장은 2012년 7월에 발간한 『안철수의 생각』에서 "보육, 교육, 건강 등 민생의 핵심 영역에서는 중산층도 혜택을 볼 수 있는 보편적 시스템을 단계적으로 도입하자"는 보편 복지론의 입장을 밝혔다. 그런데 재정 방안이 남다르다. 복지를 확대하기 위해서는 여유 계층의 누진적 부담 구조를 전제로 "소득 상위층뿐만 아니라 중하위층도 형편에 맞게 조금씩 함께 비용을 부담하면서 혜택을 늘려가는" 보편 증세를 이야기한다. 건강보험의 보장성을 강화하기 위해서도 국가가 건강보험 재정을 늘리고, 각 가정도 형편에 맞게 약간씩 건강보험료를 더 내는 것이 현실적인 방안이라고 제안한다. 그래야 모두가 복지 체제를 책임지는 동기를 가질 수 있다는 이야기이다.

한 보수 일간지는 그의 보편 증세론이 복지국가에 적합한 상식이라고 치켜세우면서도 지갑을 열어야 하는 '계산 빠른 대중'의 저항을 과연 극복할 수 있을지 의문을 표한다. 실제 대통령선거 공약에서도 보편 증세 원칙이 담길지는 지켜봐야겠지만, 그의 '생각'이 한국 사회에서 보편 증세 논의가 꽃피우는 계기가 되길 바란다.

복지국가 증세를 위한 3대 원칙

이제 보편 증세를 용기 있게 이야기하자. 이는 기존에 존재하지 않았던 것을 만들어 내는 새로운 실험이기도 하다. 그만큼 국민들의 조세 저항 현실을 감안해 지혜로운 증세 전략이 마련돼야 한다. 지금 한국에서 필요한 복지국가 증세 3대 원칙을 제시하면 다음과 같다.

첫째, '복지 증세'. 복지 지출 목적으로 한정된 증세를 하자. 우리나라에

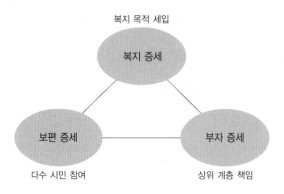

〈그림 10〉 복지국가 증세 3대 원칙

복지 목적 세입

복지 증세

보편 증세

다수 시민 참여

부자 증세

상위 계층 책임

서는 재정 지출에 대한 국민들의 불신을 감안할 때, 세입과 복지 지출을 결합하는 '복지 증세'가 효과적이다. 내가 낸 세금이 '4대강 사업'에 유용될지 모른다는 우려를 불식시켜야 한다. 이에 사회복지세, 사회보험료 등 지출 목표가 복지로 정해진 복지 목적세를 적극적으로 검토하자.

둘째, '부자 증세'. 복지 재원은 소득 재분배 효과가 극대화되도록 상위 계층이 실질적으로 책임지게 해야 한다. 현재 다수가 빈곤에 시달리는 상황에서도 상위 계층은 오히려 부를 더욱 축적하는 사회 양극화가 심화되고 있다. 어느 때보다도 상위 계층의 재정 책임이 요청된다.

셋째, '보편 증세'. 근래 부상하는 보편 복지 흐름에 맞추어, 가능한 많은 사람이 증세에 참여하는 것이 바람직하다. 증세 활동을 통해 시민들이 복지 운동의 주체로 성장하길 바라며, 중간 계층이 복지 재원 마련에 참여해야 부자들에게 더 많은 책임 이행을 압박할 수도 있다.

이러한 증세 원칙을 잘 구현할 수 있는 세목이 '사회복지세'이다. 지금까지 우리나라에 선보인 사회복지세로는, 2011년에 진보신당이 발의한 사회복지세와 2007년 대통령 선거에서 민주노동당이 조세 공약으로 발표한 사회복지세가 있다. 두 세목에서 3대 증세 원칙이 어떻게 적용되고 있는지 살펴보자.

진보신당의 사회복지세는 소득세, 법인세, 상속증여세, 종합부동산세 등 직접 세목에 다시 누진 세율을 적용하는 일종의 부가세surtax로 상위 5% 부유 계층과 1%의 대기업을 과세 대상으로 삼아 매년 15조 원을 확보한다. 민주노동당이 2007년 대통령선거에서 공약으로 제시한 사회복지세 역시 진보신당 사회복지세와 유사하게 소득세, 법인세, 상속증여세, 특별소비세 등에 누진적 부가세율을 적용하는데, 진보신당과 달리 과세 대상을 직접세를 내는 모든 납세자로 삼아 매년 13조 원의 세수를 기대했다.

두 사회복지세를 비교해 보면, 모두 복지 지출과 세입을 연계하는 '복지 증세'이고, 사회복지세로 확보되는 13조~15조 원 대부분을 상위 계층이 책임진다는 의미에서 '부자 증세' 원칙을 따르고 있다. 하지만 진보신당 사회복지세는 과세 대상을 소수 상위 계층으로 한정하는 데 반해, 민주노동당의 사회복지세는 직접세를 내는 모든 과세자가 과세 대상으로 보편 증세 원칙을 담고 있다는 점에서 차이를 보인다.

소득별 보편 증세 : 함께 내세, 사회복지세!

나는 민주노동당 사회복지세 방식의 '소득별 보편 증세'를 지지한다. 이에 기존 민주노동당의 사회복지세를 보완하여 2012년 기준 약 20조 원의 세수를 확보하는 사회복지세를 설계했는데, 이는 복지국가 증세 3대 원칙을 모두 갖춘 세금이다.

내가 제안하는 사회복지세 내용을 소개한다. 첫째, 이 세금은 현재 소득세, 법인세, 상속증여세 등 직접세를 내는 모든 과세자에게 적용된다. 전체 1,430만 명 중 기존 면세자 580만 명(근로 인구의 약 40%)은 사회복지세 과세 대상에서도 제외되고, 나머지 60%인 850만 명이 사회복지세를 납부하게 된다. 자영업자 역시 약 40%의 면세자를 제외하면 근로소득자와 비슷하게 약 60%가 사회복지세를 납부하게 될 것이다. 전체 경제활동인구 중 중간 계층부터 사회복지세를 납부하는 '보편 증세'이다.

둘째, 이 세금은 과세자가 납부한 기존 직접세액에 10, 15, 20, 25, 30%의 누진 세율을 부과한다. 비록 중간 계층이 과세 의무에 포함되지만 기존 누진 구조의 직접세에 다시 누진율이 적용되기에 사회복지세의 누진도는 매우 강하다. 그만큼 중간 계층을 포함하는 소득별 보편 증세 형식을 띠지만 실제 내용은 강력한 부자 증세 효과를 지니게 되므로 '누진적' 보편 증세 성격을 가진다.

구체적으로 근로소득자의 사회복지세 금액을 살펴보자. 〈표 12〉에서 보듯이, 2009년 기준 금액으로 연 총근로소득이 약 2,000만 원 이하자는 면세자에 속하고, 2,000만~3,700만 원 소득자(과세표준 1,200만 원 이하)는 근로소득세를 월평균 1만 원씩 내고 있으므로 이것의 10%인 월 1,000원을 사회복지세로 납부하게 된다. 연소득 3,700만~8,200만 원(과세표준 1,200만~4,600만 원) 소득자는 월평균 16만 원의 근로소득세를 내고 있으므로 사회복지세율 15%가 적용되어 2.1만 원의 사회복지세를 낸다. 반면 연소득이 1억 원대인 근로자

<표 12> 근로소득세분 사회복지세 내역 (2009)

총급여액	대상수	세율	1인당 월 사회복지세	사회복지세 세입
약 2,000만 원 이하	578만 (40.4%)		0원	0원
2,000만~3,700만 원	536만 (37.5%)	10%	1천	670억 (3%)
3,700만~8,200만 원	275만 (19.3%)	15%	2.1만	6,766억 (32%)
8,200만~1억 3,000만 원	32만 (2.3%)	20%	11.4만	4,440억 (21%)
1억 3,000만~2억 5,000만 원	6만 (0.4%)	25%	47.2만	3,627억 (17%)
2억 5,000만 원 초과	2만 (0.1%)	30%	310.4만	5,848억 (27%)
계			2.1만	2조 1,353억 (100%)

는 사회복지세율 25%가 적용되어 월평균 47만 원의 사회복지세를, 연소득이 2억 5,000만 원이 넘는 고소득자는 사회복지세율 30%가 적용되어 월 310만 원의 사회복지세를 납부한다.

그 결과 근로소득세에 부과되는 사회복지세는 2009년 기준 금액으로 약 2.1조 원으로 추정된다. 〈그림 11〉에서 확인되듯이, 이 세입을 납세자 계층별로 보면, 연소득 1억 3,000만 원 이상의 근로자 0.5%(8만 명)가 사회복지세의 44%, 연소득 8,200만~1억 3,000만 원 소득자 2.3%(32만 명)가 사회복지세의

<그림 11> 근로소득세분 사회복지세의 계층별 부담 (2009)

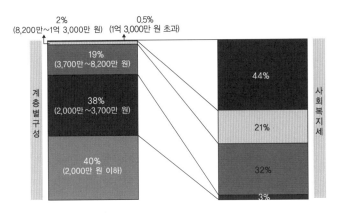

〈표 13〉 법인세분 사회복지세 내역 (2009)

과세표준 이윤	대상수	세율	법인당 세액	사회복지세 세입
0원	191,681 (45.7%)	0%	0원	0원
0~2억 원	183,841 (43.8%)	10%	55만	0.1조 (1.2%)
2억~10억 원	33,250 (7.9%)	15%	805만	0.3조 (3.3%)
10억~100억 원	9,149 (2.2%)	20%	9,733만	0.9조 (11.0%)
100억~1000억 원	1,308 (0.3%)	25%	10억	1.3조 (16.3%)
1,000억 원 초과	191 (0.0005%)	30%	289억	5.5조 (68.1%)
계	419,420 (100%)	3558만		8.1조 (100%)

21%를 담당한다. 즉 연소득 8,200만 원이 넘는 총 2.8%(40만 명)가 사회복지세의 65%를 책임지고, 연봉 2,000만~8,200만 원을 버는 56.8%(811만 명)가 35%를 분담하는 구조이다. 물론 현재 면세자인 580만 명, 전체 소득 행위자의 40.4%는 사회복지세를 납부하지 않는다. 보편 증세 형식을 취했지만 소득별로 '누진적' 부자 증세 원리가 구현되는 증세이다.

법인세 영역도 비슷한 구조이다. 〈표 13〉을 보면, 전체 신고 법인 42만 개 중 45.7%인 19만 개 기업은 현재 과세표준 금액이 0원이어서 사회복지세 대상에서 제외되고, 실제 이윤을 올리는 23만 개, 54.3% 기업이 법인세 몫 사회복지세를 납부한다. 구체적으로 보면 이윤 2억 원 이하 법인 약 18만 개, 전체 법인 중 43.8%가 연 55만 원 정도 부담하고, 이윤이 1,000억 원이 넘는 소수 대기업들은 평균 연 289억 원을 내게 된다(이 중에서 이윤 5,000억 원 초과 기업은 연 880억 원). 그 결과 사회복지세 법인세 몫 8.1조 원 중 68%인 5.5조 원을 이윤 1,000억 원이 넘는 0.0005%의 대기업들이 책임지는 구조이다. 보편 증세 모양새를 취하고 있지만 법인세 몫 사회복지세의 '부자 증세' 성격도 매우 강하다.

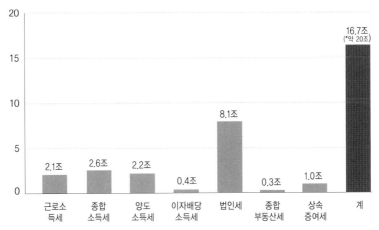

〈그림 12〉 사회복지세 세목별 세입 현황 (2009)

*2012년 금액으로 추정하면 약 20조 원

〈그림 12〉에서 보듯이, 이런 방식으로 소득세, 법인세, 상속증여세, 종합 부동산세 등 직접세에 10~30%의 사회복지세를 부과하면 2009년 기준 16.7조 원이 조성된다(2012년 금액으로 약 20조 원). 이 중 근로소득세, 종합소득세, 양도소 득세 등 소득세가 7.3조 원, 법인세가 8.1조 원으로 거의 절반씩을 차지한다. 개인과 법인이 새로운 복지 세목인 사회복지세를 대략 절반씩 분담하는 구조 이다.

"낼 테니 내라!", 관객에서 참여자로

이 사회복지세 세입은 모두 새로 신설되는 '복지국가특별회계'에 편입되 어 복지 지출에 사용된다는 점에서 복지 증세, 상위 계층과 대기업들이 대 부분 세수를 책임진다는 의미에서 부자 증세, 중간 계층 근로자와 중견 기 업들도 세금을 능력껏 납부한다는 점에서 보편 증세 원리가 담겨 있다. 전

〈표 14〉 복지국가 증세 방안 비교

	부자 증세	소득별 보편 증세
과세대상	상위 계층, 대기업	중간 계층 포함
사례	진보신당 사회복지세 (2011)	구 민주노동당 사회복지세 (2007)
슬로건	내라!	내자!(낼 테니 내라)
강점	조세 저항 우회	시민의 재정주권 강조

통적으로 진보 진영이 주장하는 재정 확충 방안이 '부자 증세' 방식이라면 이 사회복지세는 시민들도 나서는 '소득별 보편 증세'로 요약된다.

이제는 부자들에게만 '내라!'고 요구하는 것을 넘어 우리도 '내자(낼 테니 내라)!'로 나아가기를 제안한다. 일반 시민들이 재원을 마련하는 데 참여함으로써 복지국가 논의에서 '관객'에서 '참여자'로 스스로의 역할을 전환하고, 여기서 마련된 자긍심을 바탕으로 부자들을 압박하는 에너지를 만들어가자는 것이다.

앞에서 강조했듯이 우리는 복지국가를 구현할 충분한 경제력을 가지고 있다. 단지 그 재정을 공공 복지로 사용할 정치력이 부족할 뿐이다. '내자!' 운동에 나서자. 이 소득별 보편 증세는 시장 복지로 지출되는 비용을 공공 복지로 돌리고, 풀뿌리 시민을 관객에서 참여자로 바꾸는 이중의 '전환' 운동이다.

08

시민 참여 재정주권운동
: 복지국가 5개년 재정계획

나는 복지국가 증세를 위한 핵심 방안으로 사회복지세 도입을 제안했다. 이제 무엇을 해야 할까? 지금까지 보편 복지에 대한 민심의 요구는 높았지만, 정치권이나 시민사회에서 이를 구현할 실질적 논의는 없이 단지 정책 페이퍼 수준의 '증세 찬반' 논란에 머물렀다. 증세는 정책을 넘어 '정치'의 영역을 성공적으로 통과해야만 가능한 일이다. 사회복지세 도입을 포함해 종합적인 복지국가 재정 전략이 필요하다.

복지국가 재정 전략이 필요하다

2012년 총선의 뼈아픈 교훈을 기억한다면, 그리고 유로존 국가들의 재정 위기와 한국의 미래 장기 재정 불안을 감안하면, 복지 재정 확충이 보편 복지 세력에 그리 호락호락한 과제가 아니다. 지금과 같이 안이하게 대응할 경우, 오히려 복지에 대한 '기대의 역설'이 부메랑으로 돌아와 앞으로 당분간 보편 복지를 주창하기가 어려워질지도 모른다. 지금부터라도 보편 복지 세력이 재정 방안을 제대로 마련하고 시민들과 소통하는 활동에 나서야 한다.

첫째, 보편 복지 세력의 공동의 논의 테이블이 필요하다. 지난 2년간 보편 복지 논의가 진행되었지만 각 주장을 조정하고 발전시키는 활동은 보이지 않는다. 정치권이 논의를 주도했지만 정치인마다 입장이 제각각이고, 중앙당의 방안 역시 포괄적 수준에 머물고 있다. 이에 보편 복지를 주창하는 모든 정당, 시민사회 세력들이 한자리에 모여 복지국가운동 기획을 논의하는 테이블이 필요하다.

둘째, 시민들이 재정 마련을 위해 맨 먼저 손봐야 할 대상으로 꼽는 것이 지출 낭비와 특혜적 세금 감면 축소이다. 이러한 세금 부정의가 방치되는 한 적극적인 증세 논의가 진행되기 어렵다. 증세를 외치는 세력일수록 누구보다 열심히 세금 정의 세우기 활동에 나서야 한다. 시민, 전문가, 정부가 참여하는 '세금정의세우기국민위원회'를 설립하자.

셋째, 보편 복지에 필요한 재정 규모를 엄밀히 계산하고 이를 토대로 공통의 재원 방안을 내놓아야 한다. 대체로 시민사회에서는 보편 복지에 필요한 재정 규모에 대한 의견은 모아져 있는 편이다. 앞에서 보았듯이 일자리 전환 비용과 국민연금 급여 확대를 제외하고 대략 55조 원이 필요하다.

이제부터는 재정 방안을 논의하고 그것을 실행하기 위한 구체적인 프로그램을 수립해야 한다. 이때 복지 재정은 재정 지출 혁신, 조세 감면 축소,

증세 등을 포괄하게 될 것이다. 전자 2개 항목으로만 복지 재정이 마련될 수 있으면 좋으련만 이것으로 필요 재정을 모두 충당할 수 없기에 증세가 불가피하다. 지금까지 부자 증세가 주창되지만, 소득세·법인세 등 항목별로 최고 세율을 인상할지, 아니면 부유세를 신설할지, 목적세로서 사회복지세를 제정할지 다양한 의견이 제시되어 있을 뿐이다. 이제부터라도 실질적인 논의를 벌여 나가자.

넷째, 시민들과 소통하는 증세 정치 활동에 나서야 한다. 증세는 정책적 사안이기보다는 시민들의 동의를 이끌어 내는 정치적 사안이다. 보편 복지 세력이 공통의 증세 방안을 도출하는 것도 필요하지만 더 중요한 것은 이를 구현하는 증세 정치이다. 지금처럼 증세 방안만 가지고 갑론을박하는 방식에서 벗어나 직접 국민들에게 방안을 제시하고 함께 주창하는 증세 정치를 벌여야 한다.

다섯째, 보편 복지 세력도 고령화 시대를 맞아 제기되는 중장기 재정 관리에 대한 전략을 내놓아야 한다. 대통령 선거가 향후 5년 기간의 재정 방안을 다루지만, 이미 정부와 보수 세력은 2050년 장기 재정 전망치를 활용해 재정건전성 프레임을 작동시키고 있다. 보편 복지 세력도 미래 대한민국에서 복지 재정이 얼마나 필요한지, 그 재원은 어떻게 마련할지에 대한 중장기 전략을 국민들에게 제시해야 한다.

앞으로 10년 동안 OECD 평균 도달하자

이제 대한민국을 복지국가로 전환하는 중기 플랜을 작성해 보자. 우리나라 복지는 OECD 회원국으로서 부끄러운 수준에 있다. 나의 추정에 의하면, 2012년 우리나라 복지 지출 비중은 약 GDP 9%이다. 이는 OECD 평균약 GDP 19%에 비해 무려 10%포인트, 2012년 기준 금액으로는 130조 원이부족한 수준이다.

이에 향후 10년간 복지 지출을 현재 OECD 평균까지 달성하는 것으로 복지국가 재정전략의 목표를 정하면 어떨까? 〈그림 13〉에서 보듯이, 10년 동안 복지지출을 GDP 9%에서 19%로 10%포인트 늘리는 것이다. 이를 대통령 임기로 구분하면 두 번의 5개년 복지국가 재정 계획으로 구성될 수 있다.

1차 5개년 복지국가 계획은 복지 지출을 지금보다 GDP 5%, 65조 원을 늘리는 작업이다. 이는 OECD 평균에 비해 우리나라 복지 재정 부족분의 절반을 따라잡는 일이다. 복지 지출은 GDP 9%에서 14%로 5%포인트 상향하고, 재원은 국민부담률은 GDP 25%에서 29%로 4%포인트 상향하고 나머지

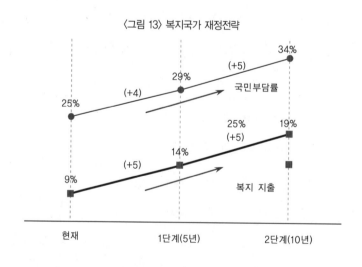

〈그림 13〉 복지국가 재정전략

1%는 재정 지출 개혁을 통해 마련한다. 이어 2차 5개년 계획 때 복지 지출과 국민 부담률을 각각 GDP 5%씩 상향하면 우리나라의 복지 수준이 현재의 OECD 국가 평균에 도달하게 될 것이다.

여기서 65조 원은 OECD 평균을 목표로 연역적으로 추론한 금액인데, 실제 지금 제기되는 보편 복지 요구액과 거의 일치한다. 앞에서 나는 현재 보편 복지 세력이 주장하는 복지 요구가 대략 55조 원에 이른다고 소개했다. 여기에는 국민연금 급여의 자연 증가분이 포함되지 않았다. 국민연금 급여 지출을 위한 재원은 이미 국민연금기금으로 준비되어 있기에 행정부가 별도로 마련할 필요가 없지만 국민연금 급여는 중요한 복지 지출이다. 따라서 OECD 재정 통계 기준에 맞추어 복지 지출 규모를 산정한다면 지금 보편 복지 세력이 제안하는 55조 원에 약 7조 원의 국민연금 자연 증가분이 포함되어야 한다.

그러면 실제 향후 5년간 보편 복지 세력이 목표로 하는 복지 확대 규모는 62조 원이 된다. 여기에 정규직 전환 지원 등 기타 복지 확대를 포함하면, 복지 확대 요구 규모가 대략 65조 원이 될 것으로 보인다. OECD 평균을 목표로 삼아 주도한 연역적 수치와 실제 보편 복지 세력이 주장하는 현실 수치가 다르지 않다.

1차 복지국가 5개년 재정 계획안

그러면 향후 5개년 기간에 65조 원을 마련하는 방안을 구체적으로 작성해 보자. 〈표 15〉에 요약되어 있듯이, 먼저 재정 지출 영역에서 20조 원을 조성한다. 이는 현재 약 40조 원의 토목 지출에서 4분의 1인 10조 원을, 약 30조 원의 국방 지출에서 10%인 3조 원을, 여기에다 국민연금기금 추가 지출분 7조 원을 합친 금액이다.

이어 세입 영역에서 나머지 45조 원을 마련한다. 우선 대기업에 집중되는 비과세 감면 폐지로 5조 원을 확보한다. 대기업에 상시적인 세금깎아주기 제도로 전락한 고용창출투자세액 공제, 연구및인력개발세액 공제, 그리고 특혜 성격이 짙은 외국인 투자 기업 법인세 감면, 골프장과 카지노 세금 감면 등을 손보면 이 금액이 마련될 수 있다. 이어 부동산, 금융 등 자산 보유와 매매 차익에 대한 과세가 강화될 필요가 있다. 종합부동산세, 주식 및 파생 금융 상품에 대한 양도차익 과세, 금융종합소득 과세 등 자산 관련 세금을 강화하면 약 5조 원이 또 마련된다.

그럼에도 여전히 35조 원이 부족하다. 이 금액이 바로 증세 몫이다. 나는 '복지 지출 목적과 연계된 20조 원 규모의 사회복지세 도입'과 '국민건강보

〈표 15〉 1차 복지국가 5개년 재정 계획안

	방안	규모	내용
지출	토목 분야 절감	10조 원	토목 지출 1/4 축소
	국방 분야 절감	3조 원	국방비 10% 축소
	국민연금 자연 증가	7조 원	국민연금기금 재원
	소계	20조 원	
세입	비과세 감면 축소	5조 원	대기업, 사행산업 감면 등 폐지
	자산세 개혁	5조 원	종합부동산세, 양도차익과세 강화
	사회복지세 도입	20조 원	복지 목적세 · 소득별 보편 증세
	국민건강보험료 인상	15조 원	가입자 · 기업 · 정부 각각 30% 추가부담
	소계	45조 원	
계		65조 원	

험료를 지렛대로 삼은 의료 재원 15조 원 확보'를 제안한다. 앞서 살펴보았듯이 사회복지세는 중간 계층 이상 시민이 참여하는 '소득별 보편 증세'이고, 3부에서 살펴보겠지만, 의료 재정 15조 원도 가입자 · 기업 · 정부가 모두 지금보다 30%씩 재정 책임을 더하므로 역시 '소득별 보편 증세' 방식으로 조달된다.

사회복지세 도입과 국민건강보험료 인상! 이 두 재원은 복지국가 재정 확보를 위한 핵심 수단이라는 점에서 '복지국가세'로 불릴 수 있다. 시민 참여 재정주권운동으로 복지국가세를 함께 내자!

'내가 만드는 복지국가'를 소개합니다

과연 시민 참여 재정주권운동이 가능할까? 이미 시민사회에서 이러한 움직임이 생겨나고 있다. 2012년 2월 발족한 풀뿌리 복지국가 운동 단체인 '내가 만드는 복지국가'는 '소득별 보편 증세'를 활동의 주요 목표로 삼고 있다. 또한 2007년부터 복지국가 운동을 주도해 온 '복지국가소사이어티'도 이러한 흐름을 지지하고 있으며, 역시 2012년 설립된 '세상을 바꾸는 사회복지사' 역시 사회복지세 도입과 국민건강보험료 인상을 주장하고 있다.

잠시 내가 참여하고 있는 '내가 만드는 복지국가'를 소개하자. 시민 참여 복지국가 재정주권운동을 지향하는 '내가 만드는 복지국가'는 '소득별 보편 증세' 운동을 통한 복지국가 주체 형성에 관심을 가지고 있다. 동시에 증세 이야기를 꺼내기 어려운 현실도 직시하고 있다. 여전히 재정 지출에 대한 불신이 큰 데다, 과세 인프라가 취약해 세금 부정의에 대한 분노가 존재하며, 아직은 복지국가를 실체로서 느끼기 어려운 것이 우리가 살고 있는 현실이기 때문이다. 이에 크게 세 가지 사업을 중심으로 활동을 벌이고 있다.

첫째, '세금정의세우기' 운동이다. 복지국가 재정주권운동은 단지 증세 활동으로 환원되지 않는다. 복지 재정 확충뿐만 아니라 재정 지출을 혁신하고 과세 인프라를 구축하는 운동이며, 이 과정에서 시민 스스로 복지국가 주체로 커가는 운동이다. 시민들과 함께 콘크리트 예산으로 상징되는 토목 지출 절감을 외치고, 필요 이상의 국방비를 줄이라고 요구한다. 또한 고소득 자영업자의 성실 납세와 사회보험료 부과 체계 개선을 통한 과세 형평성 확보, 대기업에 대한 특혜적 세금 감면 폐지 등도 제기한다. 이는 시민들이 세금 저항으로 표출되는 조세 정의감을 복지국가 건설을 위한 인프라 개혁의 에너지로 전환하는 일이다.

둘째, 복지국가 가상 체험 활동을 벌인다. '내가 만드는 복지국가'는 발족과 함께 복지국가를 체험하는 애플리케이션을 개발했다. 이 애플리케이션에는 무상급식, 무상보육, 무상의료, 반값 등록금, 국민연금, 기초노령연금, 최저 생계비, 공공임대주택, 장애인연금 등 복지가 확대될 경우 제공되는 13개 급여 프로그램이 담겨 있다. 각자 자신의 가족 구성과 소득 수준 등을 입력하면 자신이 받게 될 복지 급여 내역과 추가로 내야 할 세금을 알려 준다. 시민들은 거리 홍보 탁자 위에서, 가정의 컴퓨터 책상 위에서 자신이 받게 될 복지 급여와 부담할 세금을 곰곰이 따져보게 될 것이고, 생각보다 자신이 더 내야 할 돈이 적다는 사실에, 내가 받을 복지 급여가 상당하다는 사

실에 놀랄 것이다. 이 활동은 재미있고 행복한 미래 체험 놀이로서, 아이들

점심 급식에서 얻은 복지 열망을 확장하고, 실제 증세 필요성을 공론화하는

밑거름이 될 것으로 기대된다(무료 앱으로 안드로이드, 애플마켓에서 모두 다운받을 수

있다).

셋째, 풀뿌리 시민들의 복지국가 증세 운동이다. 시민들의 '내자' 열정을

바탕으로 사회복지세 도입, 국민건강보험료 인상을 제안하고 있다. 각 지역

별로, 직능별로 '낼 테니 내라' 서명을 모아 시민사회에 알리고 또 상징적

인 권력 집단, 자본 단체, 부유 계층에 전달하고자 한다. 복지국가 증세의

민심을 확장해 국회가 사회복지세 도입에 나서도록 하자는 취지이다.

병원비 걱정 없는 사회

병원비 걱정 없는 사회

복지국가를 향한 또 하나의 질문이 등장하고 있다. 미래 복지국가의 지속 가능성 문제이다. 경제위기가 만성화되면서 복지국가 설계 당시 가정했던 완전 고용 시장이 작동하지 않아 세금을 낼 사람들은 줄어들고 대신 복지 지출 수요는 늘어나고만 있기 때문이다.

특히 꾸준히 진행되는 고령화 위협이 심상치 않다. 축복으로 여겨져야 할 장수가 개인에게는 미래의 불안으로, 사회적으로는 재앙으로까지 묘사된다. 고령화로 인해 보편 복지가 지속가능할지, 한 나라의 경제가 지탱할 수 있을지 의문이 제기된다.

전체 인구 대비 65세 이상 비율을 가리키는 고령화율은 OECD 국가들에서 1960년에 평균 8.5%였으나 2009년 14.8%에 달했고, 2050년에는 25.7%에 이를 전망이다. 한국은 진행 속도가 더 심각하다. 2000년에 7%였던 고령화율이 10년 후인 2010년 11%로 상승했고, 2026년에는 초고령 사회Super-aged Society 기준인 20%를 돌파한다. 2050년에는 무려 38.2%에 달할 것으로 예측

되고 있는데, 이는 18~64세 청장년 4명당 노인 수가 3명에 달하는 인구 구조이다.

고령화가 재정에 큰 위협이 되는 이유는 노동시장에서 노동력 공급을 어렵게 하고 동시에 의료와 연금 지출을 대폭 증가시키기 때문이다. 이미 선진국의 경우 복지 지출의 대부분을 의료와 연금에 사용하고 있다. OECD가 발표한 2007년 평균 공공복지 지출 GDP 19.2%를 보면, 노령 복지가 6.4%이고 의료 복지가 5.8%이다. 두 분야 복지 지출이 GDP 12.2%로 전체 복지 지출의 3분의 2를 차지한다.

앞으로 고령화 관련 재정 지출의 증가는 피할 수 없는 일이다. 최근 우리나라 정부와 학계에서도 장기 복지 지출에 대한 우려의 목소리가 나오고 있다. 이른바 '공공복지 지출 GDP 20% 자연 도달론'이다. 기획재정부와 한국조세연구원은 지금은 공공복지 지출 수준이 낮지만 복지 제도가 성숙됨에 따라 2050년에는 우리나라도 지금 OECD 국가 수준인 GDP 20%에 도달할 것이라고 전망한다. 가만히 있어도 2050년에는 대한민국이 복지 지출이 크게 늘어나 재정부담이 커질 것이라는 경고이다.

이때 지출의 큰 영역을 차지하는 것이 바로 의료와 연금이다. 지금도 이에 대한 불안이 큰데, 미래 초고령화 사회에서 병원비, 노후 걱정이 더 커질 것 같다. 그만큼 지금부터 의료와 연금을 체계적으로 다듬어 가야 한다. 우리나라는 조속히 의료와 연금의 복지 수준을 높여 가면서 동시에 두 제도의 지속가능성을 확보해야 하는 과제를 안고 있는 셈이다.

여기서도 복지주체가 관건이다. 고령화가 피할 수 없는 현실이라면 이에 대해 사회구성원들이 협력하며 제도를 정비해야 한다. 고령화 시대에 특히 사회연대 복지 정치가 필요하며 이 과정에서 복지국가를 실현하고 유지해 갈 대중 주체들 역시 커 갈 것이다.

우선 3부에서 국민건강보험을 중심으로 의료복지를 살펴본다. 9장의 제목은 '국민건강보험료와 혜택 범위는 어디서 결정될까요?' 이다. 국민건강보험이 우리의 일상생활에 깊이 들어와 있음에도 보험료, 급여 범위 등이 어떻게 결정되는지 아는 사람은 많지 않다. 그곳은 바로 건강보험정책심의위원회이다. 여기에는 가입자 대표도 중요한 역할을 맡고 있다. 이에 국민건강보험을 이해하는 핵심 경로로 건강보험정책심의위원회의 구성과 기능을 알아보고, 지난 활동에 대한 내 나름의 평가를 적었다.

10장은 병원비 걱정을 해결하는 해법으로 '국민건강보험 하나로'를 소개하고 제안한다. 의아해하는 사람들도 있겠지만 가입자들이 국민건강보험료 인상을 주창하자는 게 제안의 핵심이다. 사회복지세처럼 '국민건강보험 하나로' 는 건강보험료를 지렛대로 삼은 '소득별 보편 증세' 방식의 의료재정 확충운동이다. 가계비 부담을 더 늘리자는 이야기는 아니다. 이미 과부담으로 작용하고 있는 민간의료보험 대신 국민건강보험으로 모든 병원비를 해결하자는 것이며, 이 과정에서 가입자들이 무상의료 실현의 주역이 되고 또 복지국가 건설의 주체로 커 가자는 제안이다.

한편 우리나라 의료제도를 논의할 때 항상 제기되는 것이 '지출 낭비' 이다. 민간의료기관이 대다수라는 구조적 특징도 존재하지만 의사들에게 과잉진료를 조장하는 의료수가의 문제도 심각하다. 국민건강보험 하나로 방식으로 재정을 확충하더라도 의료비가 샌다면 소용없는 일이라는 지적도 있다. 이에 11장에서는 현재 의료비 지출 구조의 특징을 살펴보고 최근 확대 도입된 포괄수가제가 지니는 의의를 정리한다. 이 역시 의료수가 개혁에 저항할 의료 공급자와의 갈등이 수반되는 일인 만큼 수가 개혁을 자신의 과제로 삼는 무상의료 시민세력이 필요하다.

종합적으로 우리나라 의료가 지속가능한 복지로 자리 잡기 위해서는 무엇들이 이루어져야 할까? 12장에서는 가장 선진적 의료복지로 평가받는 영국 국민의료제도NHS 탐방 경험을 토대로 우리나라 의료 개혁 과제들을 정리한다. 여기서 나는 무상의료 재정 마련, 수가제도 개혁, 주치의 도입을 3대 핵심 과제로 꼽았다. 재정 마련은 가입자가 주도적으로 보험료 인상에 나서는 실천이, 수가제도 개혁은 의료 공급자의 저항에 맞서는 시민들의 대응이, 주치의 도입은 근래 일부 지역에서 시행되는 의료생협 운동처럼 풀뿌리 시민들의 선구적인 운동과 지역공동체의 노력이 필요한 일이다. 결국 병원비 걱정이 없는 의료 복지를 구현하는 시민들이 직접 나서야 하고 세력화돼야 한다.

09

국민건강보험료와 혜택 범위는
어디서 결정될까요?

20대 중반 여름, 하루에 동네 병원 서너 곳을 전전한 적이 있다. 눈도 아프고 위도 쓰리고 피부엔 습진까지 번졌다. 하루하루가 견디기 어려웠다. 그때 이런 상상을 했다. 한 시간만 자고 나오면 애초 말끔한 몸으로 되돌려 주는 캡슐 같은 것은 없을까? 정말 한꺼번에 몸 전체를 개조하고 싶었다.

한국 보건 의료 체제의 세 가지 문제

지금 한국의 보건 의료 체제도 성한 곳이 별로 없다. 앓고 있는 병이 중층적인데 크게 세 가지로 진단될 수 있다. 첫째, 병원비 불안이 크다. 2010년 국민건강보험의 보장률이 62.7%에 불과해 환자가 직접 내는 본인 부담액이 여전히 무겁다. 동네 병원 비용이야 그럭저럭 넘기지만 중병이나 만성질환 걸리면 시민들에게 본인 부담금은 가계 파탄을 의미한다. 이에 대부분이 민

〈표 16〉 우리나라 의료 체제 문제점과 과제

구분	실태	결과	과제
낮은 보장성	약 60%	병원비 불안 민간 보험 의존	국민건강보험 재정 확충
낭비적 지출 체계	행위별 수가제	병원비 지출 증가	포괄수가제. 총액계약제 도입
의료 공급 체계	민간병상 90%	수익 의료	공공병원 확대 주치의 제도 도입

간의료보험에 하나 둘씩 가입하고 있다. 둘째, 과잉 진료가 만연해 있다. 우리나라는 진료비를 지불할 때 의사들의 행위마다 비용을 보상하는 '행위별 수가제'를 택하고 있다. 의사들이 행위 빈도를 높이면서 진료량을 부풀리기 쉬운 제도이다. 셋째, 의료가 시장에 지배당하고 있다. 우리나라 병원 병상의 90%가 민간 소속이다. 민간 병원을 운영하거나 고용한 의사들은 아무리 선량한 사명 의식을 가졌어도 의료서비스 제공에서 수익성을 고려하지 않을 수 없다.

현재 보건 의료 체제가 이 모양이다. 풀어야 할 과제가 한둘이 아니다. 국민건강보험의 낮은 보장성을 개선하기 위해서는 국민건강보험의 재정을 대폭 늘려야 한다. 병원비 지출을 절감하기 위해서는 현재의 행위별 수가제를 포괄수가제(진료비 정찰제) 혹은 총액계약제(연 의료 지출 총액 상한제) 등 병원비 지불 방식을 전면 개편해야 한다. 의료 기관 영역에서는 점차 공공 병원을 늘려 가면서 동네별로 주치의 제도도 도입해야 한다.

왜 국민건강보험 재정 확충이 중요한가

이 중충적 문제들을 어떻게 해결해 갈까? 만병통치약이 없다면 복잡하게 얽힌 실타래를 풀기 위한 실마리, 전략적 로드맵이 필요하다. 나는 무엇보다 국민건강보험의 재정 확충에서부터 문제 해결의 열쇠를 만들자고 제안한다. 일상생활에서 시민들의 마음을 무겁게 하는 문제는 '병원비'이다. 시민들의 병원비 불안이 너무 크고, 노후에 닥칠 근심거리 중에서도 질병과 병원비가 단연 우선이다. 나 역시 노인이 되었을 때 병원비 걱정 없는 대한민국에서 살 수 있다면 큰 짐 하나를 벗은 듯 홀가분할 것 같다.

시민들이 가장 관심을 가지고 있는 과제, 여기가 문제 해결의 실마리이다. 현재 국민건강보험의 보장성이 60%대 초반에 그치고 있다. 과거에 비해선 높아졌지만 여전히 낮다. 이 때문에 큰 병이 걸리면 가계가 무너지는 일이 주변에서 벌어지고, 서민 가구들도 무리해서 민간의료보험에 가입하고 있는 현실이다.

우리나라에서 국민건강보험의 보장성을 확대해야 한다는 요구는 오래전부터 제기되어 왔다. 특히 2004년 민주노동당이 '무상의료'를 공약으로 내세우며 원내에 진입한 후 무상의료는 우리 사회 주요한 의제로 자리 잡았으며, '암부터 무상의료'와 같은 보장성 확대 운동이 펼쳐져 왔다.

하지만 무상의료를 어떻게 구현할 것인가에 대해선 실질적 방안이 제시되지 못했다. 어떻게 재원을 마련할지, 이를 위해선 어떠한 활동이 필요한지를 제대로 논의하지 못한 것이다. 그렇게 시간이 흘러가 버렸다. 시민들 가슴에 무상의료는 '가까이하기엔 먼 꿈'으로 머물고, 그 빈자리를 실손 의료 상품으로 치장한 민간의료보험이 차지해 가고 있다.

2010년 7월 '모든 병원비를 국민건강보험 하나로' 시민회의가 출범했다. '국민건강보험 하나로' 시민회의는 민간의료보험 대신 국민건강보험을 제대로 키워 병원비 불안을 해결하겠다고 나선 시민운동으로서 '국민 1인당 평균 1만 1천 원만 인상하면 병원비 걱정을 해결할 수 있다'고 제안한다. 이들은 우선 건강보험정책심의위원회를 주목하라고 제안한다. 도대체 이 위원회의 정체는 무엇인가?

건강보험정책심의위원회를 주목하라!

우리나라에서 지출 규모가 가장 큰 복지 제도는 무엇일까? 국민건강보험이다. 2012년 40조 원으로 압도적 규모를 자랑한다. 우리나라에서 국민 모두에게 적용되는 복지가 있다면 무엇일까? 국민건강보험이 유일하다. 5천만 국민 모두가 이용하고 있다. 이처럼 대단한 국민건강보험의 보험료는 누가 정할까? 국회? 보건복지부? 아마 이에 정확히 답하는 독자는 많지 않을 듯싶다.

노무현 정부 시절 '더 내고 덜 받는' 국민연금법 개정안이 논란거리였다. 결국 보험료율은 9% 그대로, 급여율은 60%에서 40%로 내렸다. 대신 노후 생계비 지원 방안으로 기초노령연금이 도입됐다. 어찌 됐든 국민연금의 보험료와 급여는 국회에서 다루어진다는 사실을 알 수 있다.

2012년 최저임금이 4,580원이다. 월급으로 치면 약 96만 원으로 100만 원에도 못 미치는 금액이다. 이처럼 '비인간적' 최저임금은 어디서 결정될까?

최저임금심의위원회다. 노동계 9명, 경영계 9명, 공익위원 9명, 총 27명이 매년 4월부터 6월까지 교섭한 뒤 표결로 최저임금액을 결정한다. 최저임금을 둘러싸고 사회적 공방이 거세 최저임금심의위원회의 존재는 시민들에게 상당히 알려져 있는 편이다.

그러면 국민건강보험의 보험료는 누가 결정하는가? 최저임금과 비슷하다. 〈표 17〉에서 보듯이, 민주노총, 한국노총, 경총, 한국소비자단체, 전국음식업중앙회 등 가입자 대표 8명, 의사협회, 병원협회, 제약협회, 약사회 등 공급자 대표 8명, 정부가 임명한 공익 대표 8명, 그리고 위원장인 보건복지부 차관으로 총 25명이 참여하는 건강보험정책심의위원회가 결정한다. 건강보험정책심의위원회는 국민건강보험료뿐만 아니라 국민건강보험 재정에 큰 영향을 끼치는 의료수가, 급여 적용 범위 등 국민건강보험의 모든 것을 심의하는 기구이다.

당신이 의사로서 진료비 단가를 높이고 싶은가? 환자로서 자기공명영상 MRI 촬영, 틀니, 간병 서비스도 국민건강보험 적용을 받고 싶은가? 가입자로서 국민건강보험료 인상을 막고 싶은가? 그렇다면 중앙 정부 예산의 10분의 1이 넘는, 무려 40조 원의 수입과 지출 내역을 다루는 건강보험정책심

〈표 17〉 건강보험정책심의위원회 구성 (25인)

소속	단체
위원장(1인)	보건복지부 차관
가입자 대표(8인)	직장 : 민주노총, 한국노총, 경총, 중기협 지역 : 경실련, 한국소비자단체, 전국음식업중앙회, 전국농민단체협의회
공급자 대표(8인)	의협(2인), 병협, 치협, 한의협, 간호협, 약사회, 제약협회
공익 대표(8인)	복지부, 기획재정부, 건강보험공단, 건강보험심사평가원, 전문가 4인

의위원회를 주목해야 한다. 이곳에서 당신의 모든 관심 사항이 결정되니 말이다.

국민건강보험료 협상은 매년 10월에 시작돼 11월 중하순께 표결로 마무리돼 왔다(2012년부터 10월 말에 결정됨). 2011년 11월 15일 건강보험정책심의위는 2012년 국민건강보험료율을 2.8% 인상하기로 확정했다. 현재 국민건강보험의 재정은 가입자·기업·정부 3자에 의해 조성된다. 이 인상 결정에 따라 국민건강보험료율은 월 보수액의 5.8%가 되었다. 노동자와 사용자가 각각 절반인 2.9%를 내고, 지역 가입자도 소득과 자산을 고려해 엇비슷한 수준의 보험료를 납부한다. 보험료 인상으로 2012년에 직장 가입자는 현재 가구당 월평균 8만 4천 원에서 8만 6천 원으로, 지역 가입자는 7만 5천 원에서 7만 7천 원으로 각각 2천 원씩 더 내게 되었다. 그리고 국민건강보험법에 따라 사용자는 직장 가입자와 동일한 금액을, 그리고 정부는 전체 건강보험료 수입의 20%를 지원한다.

2011년 국민건강보험료 협상에서 정부는 다음 해 지출 증가분 1조 원을 확보하려고 3~4% 인상안을 제시했다. 반면 가입자 대표들은 건강보험공단의 누적 적립금을 활용하면 인상폭을 낮출 수 있으므로 인상률을 최소화해 1.6% 인상안을 꺼냈다. 결국 몇 차례 공방을 벌인 끝에 도달한 종착점이 2.8%이다. 국민과 기업의 부담을 고려해 보험료율 인상을 애초 목표보다 낮추었다는 게 보건복지부의 설명이다. 가입자로서 보험료를 내야 하는 나는 이 결정을 반겨야 할까?

국민건강보험료 인상을 반대하면 누가 이익을 볼까

나는 2000년대 초반 건강보험정책심의위원회 근로자측 위원이었다. 당시 민주노총에서 사회복지를 담당하고 있었던 나는 직장 가입자 몫으로 민주노총에 부여된 교섭위원 역할을 수행했다. 여기서는 최저임금심의위원회와 마찬가지로 가끔 고성도 오가고 정회도 한다. '돈'이 걸려 있기 때문이다.

매년 교섭은 엇비슷하게 마무리되었다. 다음 해 국민건강보험 지출 증가분만큼 보험료를 올리려는 정부의 뜻대로 보통 5% 안팎에서 보험료율이 인상되었고, 나는 회의 직후 사무실로 돌아와 '서민 허리 휘게 하는 보험료 인상 규탄한다'는 성명서를 쓰는 것으로 한 해 국민건강보험 사업을 마무리했다.

그런데 교섭을 마치고 난 뒤면 왠지 후련하지 않았다. 나와 같이 직장 가입자 대표로 참가한 사용자 단체 교섭위원들의 얼굴이 떠올라서다. 당시 민주노총은 노사정위원회를 자본의 들러리 기구라 판단해 거리를 두고 있었다. 그런데 내가 참여한 건강보험정책심의위원회에서는 노사가 한몸이었다. 쉬는 시간 복도에서 담배를 피우고 있는 나에게 경총 교섭위원이 다가와 따뜻한 연대의 말을 전한다. "우리 꼭 보험료 인상 막읍시다…."

나는 서민과 조합원을 위해 열심히 교섭을 벌였다고 자부했다. 그런데 사용자 대표로부터 칭찬을 듣다니. 도대체 어찌 된 일인가? 당시 근로자 대표로서 민주노총이 관심을 두고 있던 것은 조합원의 보험료 부담이었다. 가능한 월급 명세서에서 국민건강보험료 공제액이 늘어나는 것을 막아야 했다.

그 결과는 무엇이었을까?

당시 사용자 단체 교섭위원이 국민건강보험료 인상에 저항하는 건 쉽게 이해가 간다. 기업은 국민건강보험료를 올려도 혜택을 받는 건 없다. 사회적 책임을 수행할 뿐이다. 그런데 가입자는 어떤가?

현재 우리들은 아프기 전에는 보험료로, 아픈 후에는 본인 부담금으로 두 차례 병원비를 지출한다. 어차피 우리가 내야 할 돈이라면 소득에 따라 부과되는 보험료는 늘리고 지급 능력을 무시하고 부과되는 본인 부담금은 최소화해야 하는 것 아닌가? 난 보험료 인상을 반대하고 대신 소득 능력과 무관하게 개인이 동일하게 짊어져야 하는 본인 부담금 몫을 키우고 있었다. 왜 나는 먼저 내야 하는 보험료에 그리 민감하면서도 퇴원할 때 부담하는 환자의 본인 부담금은 당연한 것으로 생각했을까?

나는 교섭 테이블에서 상대방이 부는 피리 소리에 맞추어 춤을 췄던 셈이다. 나의 비타협적인 교섭의 가장 큰 수혜자는 보험료 인상에 따라 법정 부담금을 내야 하는 기업들, 병원비 불안을 활용해 사세를 확장하려는 민간 보험 회사들이었다. 그리고 타격을 받은 사람들은 병원 원무과 앞에서 퇴원 수속을 밟으며 감당할 수 없는 본인 부담금에 울고 있는 우리 서민들이었다.

그래서 나는 지금 '국민건강보험 하나로' 시민운동에 참여하고 있다. 국민건강보험의 보험료 인상을 지렛대로 국민건강보험 재정을 대폭 확대하고, 이를 기반으로 국민건강보험의 보장성을 획기적으로 강화하자는 이 운동은 국민의 병원비 문제를 해결하면서 동시에 가계 부담을 줄여 주는 운동이기 때문이다.

10

모든 병원비를 '국민건강보험 하나로'

매년 가을이면 찾아오는 불청객이 있다. 국민건강보험료 인상이다. 이 소식을 접하는 국민의 반응은 '또 올라!'일 것이다. 그렇지 않아도 공공요금이 줄줄이 오르는데 서민 가계에 주름이 깊어진다. 보험료를 결정하는 건강보험정책심의위원회도 잠깐 기사에 등장한다. 그리고 곧 유야무야된다. 다음 해 이맘때 다시 비슷한 수치의 보험료 인상 소식을 들을 때까지 건강보험정책심의위원회의 존재는 관심 밖으로 사라질 것이다. 여기가 갈림길이다. 당신이 무상의료를 갈망한다면 새롭게 눈을 떠야 한다. 국민의 관심에서 사라지는 건강보험정책심의위원회와 함께 무상의료를 실현할 열쇠도 함께 묻히기 때문이다.

무상의료는 공짜의료가 아니다

무상의료는 공짜의료가 아니다. 무상의료는 병원에서 퇴원할 때 환자가 직접 내는 본인 부담금의 해소, 즉 국민건강보험이 병원비를 모두 지급하는 것을 뜻한다. 이를 위해선 당연히 국민건강보험 재정이 대폭 늘어야 한다. 현재 국민건강보험의 보장성은 60% 초반에 머물러 있다. 병원비가 1천만 원이면 약 600만 원은 국민건강보험이 책임지고 나머지 400만 원은 환자가 부담하는 구조이다.

2012년 병의원이 청구한 의료비 총액이 64조 원으로 추정된다(비급여와 약품비 포함). 이 중 40조 원은 건강보험 몫이고 나머지 24조 원은 환자 부담이다. 2011년 건강보험정책심의위원회의 심의 결과로 보장성은 얼마나 강화되었을까? 제자리걸음이다. 새로 늘어나는 급여는 75살 이상 노인 틀니의 일부 보험 적용, 임신·출산 진료비 인상(40만 원→50만 원) 딱 두 항목이다. 이에 따른 추가 지출 4천억 원은 60조 원이 넘는 의료비 기준 1%에도 못 미치는 보잘것없는 금액이다.

이번만의 문제가 아니다. 지금까지 매년 건강보험정책심의위원회는 다음 해 국민건강보험 지출의 자연 증가분과 미미한 급여 확대분을 보전하는 수준에서 보험료를 조정해 왔다. 이런 구조에서는 국민건강보험의 보장성이 계속 그 자리에 머문다. 건강보험정책심의위원회가 낮은 보장성을 고착하는 역할을 하는 셈이다.

2011년 국민건강보험료 협상 과정을 돌아보자. 처음에 정부는 3~4% 인상안을 제시했다. 보장성의 획기적 확대와는 거리와 먼 현상 유지 방안이다. 항상 정부의 관심은 보장성보다 국민건강보험의 당기 재정 수지 균형에 있기 때문이다. 한편 가입자 대표들은 국민의 보험료 부담을 줄여 보자는 취지에서 되도록 인상률을 더 낮추려 했다. 그 취지를 충분히 이해하지만 이것이 가입자에게 주는 의미는 국민건강보험의 보장성에 변화가 없다는 것, 본인 부담금이 여전히 크게 남는다는 사실, 그 결과 민간의료보험에 계속 의존해야 된다는 것이다.

민간의료보험과 국민건강보험

다른 길은 없었을까? 2011년 11월 초 건강보험정책심의위원회 협상이 열리던 보건복지부 청사 앞에서 다소 특이한 기자 회견이 열렸다. '모든 병원비를 국민건강보험 하나로' 시민회의, 한국여성민우회, iCOOP생협연합회, 한국신장암환우회, 인천평화의료생협 등 몇몇 시민단체가 들고 있는 현수막에 적힌 구호는 "국민, 기업, 정부 모두 30%씩 더 내 무상의료 실현합시다!"였다.

이들은 낮은 국민건강보험료, 낮은 보장성 틀을 고수하는 건강보험정책심의위원회 논의 방식이 획기적으로 바뀌어야 한다고 주장한다. 당장 보험료가 덜 오르는 것이 다행으로 여겨질지 모르지만, 사실 건강보험정책심의위원회가 가입자에게 더 큰 본인 부담금을 전가하는 결정을 되풀이하고 있다고 비판한다.

이들이 바라는 것은 비급여를 포함해 한 해 환자 1인당 본인 부담금이 100만 원이 넘지 않는 '100만 원 상한제'를 곧바로 실현하는 것이다. 이에 필요한 재정 14조 원을 마련하기 위해 국민건강보험료를 과감히 30% 올리자는 제안이다(병원비 본인 부담금 24조 원 중 나머지 10조 원은 환자 몫으로 남김). 금액으로는 가입자 1인당 평균 1만 1천 원, 가구당 평균 2만 6천 원이다. 건강보험정책심의위원회가 가구당 월평균 2천 원을 인상했지만, 그 10배가 넘는 2만 6천 원을 더 내자는 선언이다. 당연히 기업과 정부의 몫도 동일한 비율로 늘어나는 방안이다.

가입자 처지에서 이 주장의 손익을 따져 보자. 한국의료패널 자료에 따르면, 2009년 우리나라 전체 가구의 78%가 민간의료보험에 가입해 있다. 가구당 평균 보험 수가 3.6개이고, 월평균 보험료가 18만 원이다. 당시 가구당 월평균 7만 원 안팎인 국민건강보험료에 비해 2배 이상 많은 금액이다.

우리가 가구당 월 2만 6천 원씩 국민건강보험료를 더 내 '100만 원 상한제'가 실시되면 어떤 일이 벌어질까? 사실상 병원비 걱정에서 벗어나게 돼 민간의료보험에 가입할 이유가 없어진다. 민간의료보험이 어떤 상품인지 꼼꼼히 따져 본 적 있는가? 가입자가 되돌려 받는 급여는 기업 이윤, 보험설계사 수당, 관리 운영비 등을 빼야 하기에 보통 많아야 60%대 수준으로 추정된다(암 보험은 30%대에 불과하다는 분석도 있다). 100원을 내면 많아야 60원을 돌려받는 구조다.

국민건강보험은 어떤가? 국민건강보험에서는 거꾸로 가입자의 보험료에 기업 기여금과 정부 지원금이 더해지므로 100원을 내면 거의 200원이 조성된다. 또한 민간의료보험과 달리 보험료는 소득에 비례해 내고 급여는 자신이 낸 보험료와 무관하게 아픈 만큼 받는다. '능력대로 내고 필요만큼 받는', 대한민국에서 흔치 않은 사회연대 제도가 바로 국민건강보험이다. 우리는 이토록 아름다운 제도를 방치하고 대신 계층 차별에 토대를 둔 민간의료보험을 육성하고 있다!

우리 선택에 달렸다. 민간의료보험 대신 '모든 병원비를 국민건강보험 하나로' 해결하자. 최저임금 인상을 '국민임투'로 격상해 최저임금심의위원회를 압박하듯이, 무상의료를 바라는 민심이 건강보험정책심의위원회를 에워싸면 다른 결과를 낼 수 있지 않을까? 가입자 스스로 국민건강보험료를 더 내겠다면 누구도 이를 거부하기 쉽지 않을 것이다.

국민건강보험 재정이 확충되면 저소득 계층을 위한 보험료 절감 프로그램도 도입할 수 있다. 또한 의료비 낭비가 심한 비급여 진료를 모두 국민건강보험 급여로 전환해 공적인 심사평가 대상으로 엄격히 관리하고, 진료비 지급 방식(수가제도) 개혁에도 박차를 가할 수 있다. 보장성 확대, 저소득 계층 보험료 지원, 지출 통제 등 세 마리 토끼를 한꺼번에 잡을 수 있다는 이야기이다.

2000년대 초반부터 우리나라에서 무상의료 논의가 진행됐지만, 실현 가능성이 느껴지지 않는 구호에 머물러 있었다. 대한민국 역사에서 복지 민심이 등장한 지금, 시민들은 막연한 요구가 아니라 구체적인 실현 경로를 가진 무상의료를 원하고 있다. 길은 있다. 국민건강보험의 주인인 우리 가입자들이 마음을 굳게 먹고 건강보험정책심의위원회에 개입한다면 현행 국민건강보험 제도 내부에서 무상의료 실현 방안을 마련할 수 있다.

단, 우리 스스로의 변화가 먼저다. 매년 국민건강보험료 인상 소식을 접할 때마다 어떻게 반응했는가? '또 올라?' 하며 열을 내지는 않았는가! '다르게 생각하기'를 시작해야 한다. 이제부터는 '보장성이 또 그대로구나. 본인 부담금에 계속 시달려야겠구나. 기업과 정부는 추가 부담 책임에서 빠져나갔구나!'라며 분개할 수 있어야 한다.

무상급식보다 센 놈, 풀뿌리 운동에 나서다!

나는 가입자들이 국민건강보험 재정을 확충하는 데 적극적으로 나서는 '국민건강보험 하나로' 시민운동에 참여하고 있다. 이것이 병원비 불안을 해결하는 가장 위력적인 방안, 우리나라 의료 체제에 복잡하게 얽힌 실타래를 풀어 갈 수 있는 지혜로운 실마리라고 생각하기 때문이다. 중요한 이유가 또 있다. 무상의료 실현이라는 정책적 목표뿐만 아니라 이 과정에서 형성되는 복지 정치의 효과를 주목한다. '국민건강보험 하나로'가 대한민국 복지국가 만들기 운동에서 지니는 의의를 꼽아 보면 다음과 같다.

첫째, '국민건강보험 하나로'는 무상의료를 위한 실질적인 재정 확보뿐만 아니라 복지주체를 형성하는 운동이다. 이 운동은 전통적인 '요구' 운동과 달리 가입자 스스로 일정한 재정 책임을 공감하는 '참여' 운동이다. 즉 '풀뿌리 시민들의 재정주권운동'이다. 지금까지 진보 운동은 국가와 자본을 향한 요구 투쟁에 집중해 왔다. 이러한 활동을 폄하해서는 안 되지만 그러한 방식에만 의존하는 것은 활동의 범위를 제한할 수 있다. 이제는 시민들이 세금이든 보험료든 국가 재정을 확충하는 방안을 주도적으로 내놓고, 이것을 토대로 요구를 강화하는 '참여적 재정주권운동'이 요구된다.

이러한 주권운동은 시민 스스로 복지 운동의 주체로 나서게 한다. 앞에서 강조하였듯이, '내라!'에서 '내자!'로 패러다임이 바뀌는 순간 시민들은 '관객'에서 복지 구축을 위한 '참여자'로 자리를 옮기게 된다. 향후 보편 복지 운동에 나설 실질적 주체들이 이런 과정을 통해 형성되어 나갈 것이다.

둘째, '국민건강보험 하나로'는 한국 사회를 지배하는 계급적 전선을 선명하게 드러내 줄 것이다. '국민건강보험 하나로'의 요구가 현실화되기 위해선 넘어야 할 거대한 장벽이 있다. 바로 자신의 책임 몫을 늘려야 하는 기업(자본), 자신의 시장 지위를 상실할 위험에 처하는 민간의료보험(재벌), 추가 재정 지출을 부담해야 하는 정부(특히 예산부처) 등의 저항이다. 이들은 기업 경쟁론, 무상의료에 따른 도덕적 해이, 의료비 재정의 지속가능성 등의 문제를 제기하며 '국민건강보험 하나로'를 막아설 것이다.

결국 국민건강보험료를 인상하려는 시민들과 이를 막으려는 자본, 재벌, 정부 간의 사회적 갈등 전선이 형성된다. 이는 현재 대두된 경제민주화 개혁에서 조성되는 전선과 유사하다. 사회에 존재하는 문제의 계층적 성격을 드러내는 것, 누구는 이것이 공연히 갈등을 부추긴다며 불편해할지 모르겠지만, 나는 그 문제의 원인과 이해 당사자들을 분명히 가리는 것이 중요하다고 생각한다. 그래야 해법이 모색될 수 있고, 필요하다면 큰 수술도 정확히 할 수 있다.

셋째, '국민건강보험 하나로'는 한국 사회에서 복지 모델 만들기 운동이다. 사회 운동에서 모델이 지니는 효과가 막대하다. 이명박 대통령이 집권하는 데 대중교통 체계 개편, 청계천 사업 등이 미친 영향에서 보듯이, 모델을 통해 신뢰가 생기면 권력까지 위임하는 게 대중이다. 진보 운동, 시민사회 운동 역시 대중이 체험할 수 있는 '모델 사례'를 만드는 데 주력해야 한다. 국민건강보험을 진보적 모델로 만들자.

모든 병원비를 '국민건강보험 하나로', 어떤 경우든 국민 1인당 본인 부담 병원비가 1년에 100만 원이 넘지 않는 대한민국! 얼마나 멋진가! 우리 아이들에게 꼭 물려주어야 할 선물이다. 그 방법은 멀리 있지 않다. 우리가 국민건강보험료를 조금씩 더 내면(1인당 평균 1만 1천 원) 기업과 정부 몫을 합하여 필요한 재정이 확보될 수 있다. 최저임금처럼 매년 가을에 열리는 건강보험정책심의위원회에서 국민 다수의 압박으로 의결하면 되는 일이다.

2010년 지방 선거에서 무상급식 의제가 부상하면서 보편 복지의 꿈을 시민들에게 선사했다. 한 언론은 '국민건강보험 하나로' 시민운동에 대해 '무상급식보다 센 놈'으로서, '성공하기만 하면 한국 사회 판이 뒤집히는, 묵직한 운동이 첫발을 뗐다'고 평가했다. 지금 그 역사적 일이 대한민국에서 진행 중이다. 무상의료! 이제 더는 남의 나라 이야기일 수 없다. 지금 우리가 합심하면 이룰 수 있는 꿈이다.

11
의료비 지출 낭비를 막읍시다!

국민건강보험 재정을 늘려 보장성을 확대하자고 할 때 항상 제기되는 질문이 있다. 지금 국민건강보험의 재정이 줄줄 새고 있는데 돈만 더 투입한다고 보장성이 높아질까요? 결국 의사들의 호주머니만 불리는 것 아닌가요? 이는 '국민건강보험 하나로'로 가는 길에서 반드시 점검해야 할 중요한 질문이다.

여기서는 두 가지를 분명히 확인하자. 하나는 지금 의료비 누수가 심각한 수준이어서 이를 줄이기 위한 조치가 절실하다는 점이다. 의료비를 지급하는 방식인 의료수가제도 개혁이 필요하다. 또 하나는 현행 진료비 낭비 체계에서도 국민건강보험 재정 확충은 보장성 확대 효과를 충분히 낼 수 있다는 점이다. 이 두 가지를 종합하면, 당장 국민건강보험 재정을 늘리는 작업이 필요하며, 또 의료수가제 개혁을 동반하면 지금보다 지출 낭비를 줄이므로 보장성 확대 폭을 더 넓히는 효과를 낼 수 있다는 이야기이다.

국민건강보험 재정 확충은 보장성 확대로 이어진다

그러면 현행 체계에서도 국민건강보험 재정 확충이 보장성 확대로 이어지는 까닭을 살펴보자. '국민건강보험 하나로' 시민회의의 제안대로, 가입자들이 1인당 평균 1만 1천 원씩 인상하고 이와 연동해 기업과 정부 몫이 늘어나 재정이 크게 확대되더라도 결국 의사들의 호주머니로 새 버릴 거라는 걱정이 있다.

만약 현재 의료 기관에 지불하는 병원비가 모두 국민건강보험 재정으로만 충당되고 있고, 이 재정이 부족해 의사들이 마음껏 진료하지 못하고 있다면 이 지적이 맞다. 국민건강보험이 병원비를 제대로 보상해 주지 않아 진료를 억제하고 있었는데, '국민건강보험 하나로' 덕택으로 국민건강보험의 지불 능력이 개선되었으니 의사들은 이제 못다 한 낭비 진료를 적극적으로 벌일 것이다. 1만 1천 원이 허무하게 새는 것이다.

그런데 현실은 그렇지 않다. 지금까지 우리는 의사들의 과잉 진료 실태를 통탄해 오지 않았는가! 지금 의사들은 국민건강보험 재정 규모에 개의치 않고 마음껏 진료하고 있다. 어떻게 된 일인가?

의사들은 환자들이 어떻게 병원비를 조달하는지 잘 알고 있다. 병원비를 충당하는 지갑은 국민건강보험만이 아니다. 의사들이 병원비를 청구하면 환자들은 국민건강보험 급여를 제외한 금액을 민간의료보험이나 본인 부담금을 통해 준비하고 있다. 입원 환자들에게 보험 회사 제출용 진단서를 작성하는 일이 주치의의 일상 업무가 될 정도이다. 전체 가구의 거의 80%가 하나 이상 민간의료보험을 가지고 있으니 말이다.

우리나라 보건 의료 체제에서 국민건강보험의 재정 규모는 의사들의 진료량에 영향을 미치는 중요한 변수가 아니다. 국민건강보험 재정이 작든 크든, 환자들이 병원비 총액을 국민건강보험, 본인 부담금, 민간의료보험 등 세 개 지갑을 동원하여 조달하는 한 의사들은 마음껏 진료할 수 있다. 지금 그렇다. 의사들의 의료 행위 하나하나에 각각 비용이 지불되는 행위별 수가제를 활용하여 이미 과잉 진료하고 있는 것이다.

이러한 상황에서 '국민건강보험 하나로'는 우선 병원비를 계산하는 세 개 지갑의 부담 몫을 바꾸자고 제안한다. 가능한 국민건강보험 몫을 늘리고 환자 본인 부담금을 최소화하고자 한다. 민간의료보험조차 필요 없게 말이다. 논리적 수준에서만 보면, 지갑별 부담이 달라질 뿐 병원비 총액에선 변화가 없다.

물론 현실은 변화무쌍하다. '국민건강보험 하나로'로 인해 병원비 총액이 증가할 잠재성은 존재한다. 환자의 본인 부담금 감소가 의사와 환자 양 주체에게 진료량을 늘리는 동인으로 작용할 수 있다. 하지만 이미 과잉 진료가 충분히 진행되고 있는 상황에서 추가 낭비 진료의 범위는 그리 크지 않을 것으로 판단한다. 더 중요한 건 오히려 지출을 줄이는 일도 벌어진다는 점이다.

'국민건강보험 하나로'로 인해 발생하는 총진료비 절감 효과란 무엇일까? 현재 의사들이 진료비 청구를 위해 국민건강보험공단(과 국민건강보험심사

평가원)에 보내는 자료는 급여 진료에 한정된다. 비급여 진료에 따른 비용 처리는 의사와 환자 사이에서 완료되므로, 비급여 진료 내역에 대해서 아무런 심사 평가가 이루어지지 않고 있다. 비급여 진료가 건강보험심사평가원의 공적 통제의 사각지대에 있어 과잉 진료의 온상이 되는 이유이다.

'국민건강보험 하나로'가 성사되면 모든 비급여 진료가 급여로 전환된다. 이 때문에 의사들은 병원비를 지불받기 위해 모든 진료 내역서를 공단에 제출해 심사평가를 받아야 한다. 나는 이 과정에서 지금까지 남발되었던 과잉 진료 일부가 절감될 수 있다고 기대한다. 나아가 우리가 심사평가 기능을 대폭 강화한다면 현재 급여 진료 영역에서도 절감분을 만들어 낼 수 있다. 모든 병원비를 지불하는 위치에 서게 된 국민건강보험의 입장에서 당연히 심사평가 기능을 강화할 것이 분명하다. 국민건강보험의 재정을 더 부담하게 된 기업과 정부 역시 심사평가를 강화하라고 요구할 것이다.

지금으로선 의사·환자의 추가 진료 동인과 비급여 진료의 심사평가를 통한 병원비 절감분 중 어느 것이 클지 예단하기 어렵다. 양자 모두 진료비 심사평가 체계를 얼마나 강화하느냐에 따라 효과가 달라질 것이다. 그래서 나는 일단 '국민건강보험 하나로'가 전체 진료비 총액에 미치는 효과는 중립적이라고 가정한다. 혹 누수량이 절감분보다 더 많으면 어찌하겠느냐고? 속은 상하지만, 그래도 '모든 병원비를 국민건강보험 하나로' 해결하는 성과를 생각하면 감내할 만한 기회비용이다. 그럴수록 대책 논의가 뒤따를 것이 분명하다.

다시 강조하지만, '국민건강보험 하나로'가 여기서 멈추자는 건 결코 아니다. 병행 과제로서, 행위별 수가제도를 의료비 통제가 가능한 수가제로 바꾸어 가야 한다. 예를 들어, 개별 진료 행위가 아니라 질환별로 비용이 계산되는 '포괄수가제'만 정착되어도 그 효과는 매우 클 것이다. 서구 복지국가에선 전체 병원에 지불되는 한 해 의료비 총액을 미리 정부가 정하는 '총액 계약제'까지 실시되고 있다. 이는 환자와의 관계에서 압도적 지위에 있는 의사들의 진료 행위를 통제하기 위해선 강한 규제가 필요하다는 역사적 경험의 산물이다. 우리나라도 고령화가 심화됨에 따라 의료비 지출 증가 속도가 가파르다. 의료수가제 개혁이 시급하며 우선은 포괄수가제 적용을 전면화하는 게 필요한 시점이다.

포괄수가제 도입과 의료계의 '수술 거부' 선언

2012년 7월부터 7개 질병군에서 포괄수가제가 의무 시행되었다. 이제 대한민국 모든 병원에서 백내장 수술, 맹장 수술, 제왕절개 분만 등 7개 질병군에 대해 포괄수가제가 전면 시행된다. 제왕절개 수술을 받으면 주사를 몇 번 맞든, 사진을 몇 번 찍든, 완치되어 퇴원할 때 미리 정해진 진료비를 납부한다.

포괄수가제의 의무 시행 출발이 호락호락하지 않았다. 의사들이 포괄수가제가 강행되면 수술을 거부하겠다는 카드까지 꺼냈기 때문이다. 사실 '의료수가, 포괄수가제' 등은 전문적인 용어였는데, 수술 거부 논란을 거치면서 국민적 관심사로 등장했고, 국민들은 비로소 이러한 제도를 알게 되었다.

의료수가는 우리가 진료받을 때 병원비를 지불하는 가격 제도이다. 우리나라 사람들은 병의원에서 진찰을 받고, 사진을 찍고, 주사를 맞으면 각 의료 행위마다 돈을 낸다. 이를 '행위별 의료수가제'라 부른다. 사실 우리는 태어나면서부터 이러한 제도에 익숙해진 까닭에 다른 지불 방식을 상상하기도 어렵다.

포괄수가제는 미리 특정 질병군에 가격을 정해 놓는 '진료비 정찰제'이다. 이번에 새로 도입된 제도는 아니다. 이미 1997년부터 시범 사업으로 시작되었고, 2002년부터는 병의원이 자율 선택해 2012년 기준 전체 의료 기관 중 71.5%가 참여하고 있다. 이렇게 오래전부터 포괄수가제가 시행되고 있건만 정작 병원비를 내는 시민 대다수만 이 제도를 모르고 있었다.

과잉 진료가 얼마나 행해지고 있을까? 2009년 기준 국민 1인당 진료 횟수가 한국 13일, OECD 평균 6.8일이다. 그리고 평균 입원 일수는 한국 14.6일, OECD 평균 7.2일이다. 우리나라 사람들은 다른 나라 사람에 비해 자주 아프고, 한번 수술하면 오래 입원한다!

현행 행위별 수가제가 의사 중심의 지불 체계라면 포괄수가제는 환자 중심 지불 체계이다. 포괄수가제는 호주, 덴마크, 프랑스, 독일, 영국, 미국 등 선진국 대부분에서 실시되고 있는 제도이다. 포괄수가제 논란을 보면서, 시민들은 자신이 느꼈던 과잉 진료의 원인을 제도적 용어로 설명할 수 있게 되었다. 현행과 같이 진료량이 많을수록 의사 수입이 늘어나는 행위별 수가제에선 과잉 진료 개연성이 커질 수밖에 없다. 이런 상황에선 의사와 환자 간 신뢰도 생기기 어렵다. 포괄수가제가 시행됨에 따라 이제 환자들은 자신의 질환에 따라 진료비가 얼마나 나올지 사전에 알 수 있게 되었다. 그렇다고 의사들에게 불이익을 전가한 건 아니다. 포괄수가제를 도입하면서 기존 행위별 수가에 따른 진료비에 비해 18%나 높게 포괄수가를 적용해 주었다. 의사들의 동의를 얻기 위한 방안이다(의사들은 비급여 수입의 감소를 우려하지만, 과연 현행 비급여 진료가 타당한 가격으로 제공되고 있는지를 먼저 반문해 봐야 한다).

의료질 저하가 우려된다고? 표준 진료 체계를 세울 때다

의사들은 포괄수가제로 사전에 진료비 가격이 정해지면 과소 진료를 할 것이므로 의료의 질이 떨어질 것이라 이야기한다. 언뜻 생각하면 그러할 수도 있겠다 싶다. 하지만 포괄수가제 실시와 함께 표준 진료 평가 지표가 마련되기 때문에 의사들이 함부로 과소 진료하기가 어렵다. 만일 그러면 진료비 보전 불이익을 감수해야 한다.

질병군에 따라 표준 진료 기준이 강화되면 의사들의 '재량 진료'가 제약될 것이라는 비판도 있다. 여기서 '재량'은 무엇일까? 의학적으로 정해진 '표준 진료'를 넘어선 진료를 의미할 터이다. 그런데 우리나라에서 표준 진료가 얼마나 지켜지고 있을까? 우리들은 자주 경험한다. 의사마다, 병원마다 진료 방법이 달라 도대체 종잡을 수 없다. 이번 기회에 표준 진료 규정이 자리 잡도록 해야 한다. 그래서 표준 진료가 명확한 7개 질병군부터 시작하는 것이다.

이런 의문도 생길 수 있다. 환자의 상태가 각기 다를 텐데 진료비를 미리 정해 놓으면 진료가 더 필요한 환자들에게 의료 서비스가 제대로 공급될 수 있을까? 그래서 포괄수가제에서는 질병군별 중증도를 반영하여 진료비가

차등 설계되어 있다. 제왕절개 수술은 7개, 탈장 수술은 21개 등 전체 7개 질병이 78개 등급으로 분류된다. 또한 합병증 등으로 진료가 확대되는 경우는 '열외군 보상'이 제공되는 보완 장치도 마련되어 있다.

사실 우리나라와 같은 병원 경쟁 체제에서 만일 과소 진료에 의해 의료 질 저하가 발생한다면 그러한 병원은 도태로 이어질 수밖에 없다. 진료비를 심사하는 공공기관인 건강보험심사평가원의 평가 자료가 체계적으로 공개되고, 환자와 시민사회의 병원 평가자료가 널리 공유된다면, 그 병원들은 환자들의 방문을 받지 못할 것이다. 오히려 '정해진 진료비 한도 내에서 우리 병원은 더 질 좋은 의료 서비스를 제공한다'고 홍보하고 그렇게 진료하는 경쟁이 펼쳐질 개연성이 훨씬 높다.

포괄수가제, 비급여를 급여로 전환하다!

주목받지는 못했지만, 포괄수가제 도입 과정에서 기존 비급여 진료가 급여로 전환되었다는 점도 중요하다. 비급여는 병원 임의대로 환자에게 가격을 매기는 진료이다. 포괄수가제에서 특정 질환군에 대해 진료비를 사전에 정하기 위해서는 국민건강보험의 진료비 계산 내역에 포함되지 않은 비급여가 존재하면 곤란하다. 이에 포괄수가제 적용 질병군에서는 지금까지 의학적 효력을 지녔지만 국민건강보험이 적용되지 않던 비급여 진료가 급여로 전환된다.

비급여의 급여 전환은 무상의료 실현을 위해서도 필수적인 조치이다. '국민건강보험 하나로'는 환자 1인당 연간 본인 부담 총액을 100만 원으로 한정하자고 제안한다. 이때 적용되는 100만 원은 모든 병원비를 대상으로 한다. 의학적 효력을 지니는 비급여 진료를 모두 급여로 전환하는 것을 전제로 한다.

물론 지금도 형식적으로는 본인 부담 상한제가 존재한다. 계층에 따라 연간 진료비가 200만~400만 원을 넘는 금액은 모두 국민건강보험공단이 책임지는 제도이다. 그런데 이것이 시민들의 병원비 불안을 해소해 주진 못하고 있다. 현재의 본인 부담 상한제는 급여 진료만을 대상으로 적용되기 때문이다. 중증 질환일수록 막대하게 나오는 비급여 진료가 방치되고 있어, 아무리 급여 진료 내부에서 상한제가 실시되어도 비급여 비용이 훨씬 크면 소용이 없다.

비급여의 급여화! 이번 포괄수가제 도입에서 시민들이 눈여겨보아야 할 지점이다. 포괄수가제가 과잉 의료 통제뿐만 아니라 지속가능한 무상의료로 가는 중요한 관문인 이유이다. 이제 시작이다. '행위별 수가제'! 이 제도의 심각성에 대해선 이후에도 계속 이야기해야 한다. 아직도 7개군을 제외한 대다수 질병군에 적용되는 진료비 지불 방식이다. 향후 보완 장치를 마련하며 포괄수가제를 전체 질병군으로 확대해 나가야 한다. 이는 전체 진료비 지출을 적절하게 통제하는 일이며, 동시에 비급여 진료를 급여로 전환하는 일이다. 꾸준히 관심을 가져야 할 우리 자신의 일이다.

12

영국인의 자랑,
국민의료제도_{NHS}에서 배울 점

친구가 내게 물은 적이 있다. 지금 딱 한 가지 복지만을 고를 수 있다면 무엇을 택하겠느냐고. 난감한 질문이었지만, 난 '무상의료'라고 답했다. 언젠가는 시골에서 노후를 검소하게 보내려는 나에게도 병원비는 걱정거리다. 누구든 질병에서 자유로울 수 없고, 나이가 들수록 더욱 그러할 텐데, 큰 병이라도 걸린다면 병원비를 감당할 자신이 없다. 그래서 난 내가 활동할 수 있는 기간 내에 무상의료를 꼭 이뤄야겠다고 굳게 마음먹고 있다.

2011년 여름 보건의료인들과 함께 영국 국민의료제도 NHS를 둘러보고 돌아왔다. 사회주의 국가보다도 잘 만들어졌다는, 거의 모든 공공기관을 민영화한 마거릿 대처 총리도 손대지 못했던, 그만큼 영국민이 자랑스럽게 생각하는 제도가 바로 NHS다. 국내 보건의료 시민단체인 시민건강증진연구소가 주관하는 탐방 프로그램 안내 전자우편을 받고 곧바로 신청서를 냈다.

'내 노후의 의료 제도'를 미리 접한다는 기대감에 비행기를 두 번이나 갈아타는 일도 번거롭지 않았다.

'긴 대기 시간' 불명예 벗은 NHS

영국은 다른 선진국에 비해 적은 비용으로 무상의료를 실현하는 나라로 알려져 왔다. 하지만 한계도 있었다. 긴 대기 시간이 숙제였다. 영국에서 보건의료 분야 학자들로부터 직접 NHS 변화에 대한 설명을 들으면서, 무엇보다 반가운 건 NHS에 늘 제기되던 '부족한 재정'과 '대기 시간' 문제가 상당히 해소됐다는 점이다.

대처 수상이 승리한 1979년부터 1997년에 이르는 18년의 보수당 집권을 종식시키고 등장한 토니 블레어 노동당 정부가 직면한 것은 입원 대기 환자 수가 무려 130만 명, 입원 치료를 위한 대기 시간이 평균 15주에 이르는 NHS현실이었다. 지난 시기 보수당 정부가 '공공 지출 관리'라는 명분하에 병원 시설과 인력에 대한 투자를 게을리 한 결과였다. 1998년 당시 영국의 의료비 지출은 국내총생산GDP의 6.7%로 주변 국가인 독일(10.2%), 프랑스(10.1%), 스웨덴(8.1%)에 비해 상당히 낮았다. 영국은 무상의료에서 상징적 국가였으나 의료비 지출에선 참 가난했다.

마침내 노동당 정부는 NHS 내부 개혁과 함께 의료비 재정 지출을 늘려 나갔다. 그 결과 10년이 지난 2008년, 영국의 의료비 지출은 GDP의 8.8%, 2009년에는 GDP 감소라는 외적 요인이 반영돼 9.8%까지 상승했다. 비록 GDP의 11%대를 지출하는 독일과 프랑스 등에 비해 다소 낮지만, 같은 기간 영국에서 인구수나 고령화율에서 큰 변화가 없었다는 점을 고려하면 실질적인 의료 서비스 확대로 해석된다. 잉글랜드 지방의 경우 NHS 종사 인원이 1996년 106만 명에서 2009년 143만 명으로 늘어났고, 의사 수는 8만 7천 명에서 14만 1천 명으로 무려 62% 증가했다. 입원 대기 환자 수는 2010년 60만 명대로 낮아졌고, 평균 15주에 달하던 입원 대기 시간도 4.3주로 낮아졌다(물론 응급 환자는 바로 진료받을 수 있다).

종종 보수 진영에서 무상의료가 되면 도덕적 해이가 발생해 의료비 지출이 급증하고 의료 서비스도 낙후할 것이라고 비판하는데, 이제 나는 자신 있게 지금의 영국 NHS를 보라고 말할 수 있게 되었다. 역시 재정의 힘이 컸다. 우리나라도 국민건강보험 재정을 늘리자. 앞서 4장에서 확인했듯이, 현재 가입자가 민간의료보험에 내는 돈의 3분의 1만 국민건강보험료로 전환하면 우리도 '100만 원 상한제' 필요한 재원을 마련할 수 있다.

영국이 적은 의료 재정으로 무상의료를 이룬 비결

당장의 무상의료를 위해선 재정 확대가 급선무이지만, '지속가능한' 무상의료가 되려면 의료비 관리도 중요한 과제이다. 영국은 어떻게 상대적으로 적은 의료비 지출로 무상의료를 구현할 수 있었을까?

이 질문의 답을 찾던 나는, 우선 한국 의사와 영국 의사의 고용 형태가 유사하다는 점을 발견했다. 보통 우리나라에서는 영국 의사들을 NHS에 고용된 공무원으로 이해하는데, 1차 의료를 담당하는 개원의GP 대부분은 지역보건청과 계약을 통해 진료비를 받는 자영업자Self-employed이고, 2, 3차 병원

의사들만 우리나라 병원의 봉직의처럼 월급을 받는 피고용인이다. 결국 우리나라와 동일하게 개원의는 자기 의원에서 진료 수입을 올리는 개인 사업자이고, 상급 병원 의사들은 월급을 받는 피고용자이다. 다만, 영국의 병원은 대부분 국가가 소유한 공공 병원이라는 점이 우리나라와 다를 뿐이다.

그런데 의사 수입, 즉 진료비를 계산하는 방식에서 중요한 차이가 있었다. 우리나라는 진찰·검사·주사 등 각 의료 행위마다 가격이 매겨지는 '행위별 수가제'에 의해 진료비 총액이 계산된다. 행위별 수가제에서는 서비스를 제공받은 뒤 진료비 총액이 결정되므로 되도록 많은 서비스를 제공하려는 경제적 유인이 의료 공급자에게 발생한다. 나는 가끔 가족이나 친척이 병원에서 고가 검사를 받을 때면 굳이 이렇게까지 검사가 필요한지 의문이 들 때가 많은데, 이 역시 행위별 수가제에서 비롯되는 불신이다.

이에 비해 영국은 여러 의료 수가제가 혼합돼 있지만, 기본적으로 진료비가 서비스 제공 이전에 미리 결정되는 방식을 채택하고 있다. 개원의는 자신에게 등록된 환자 수에 따라 진료비를 받는다(환자 특성에 따라 가중치 적용). 여기에 특정 진료에 대한 보상과 서비스 평가에 따른 인센티브 등을 합산해 총수입이 결정된다. 병원도 지역보건청에서 일정한 진료비를 미리 배정받는 총액예산제와 환자의 질병 중증도를 고려한 비용 등을 종합해 수입을 얻는다. 개원의든 병원의든 모두 세분화된 진료 행위마다 보상받는 것이 아니라, 기본적으로 등록 환자 수나 환자 질환에 따라 수입이 정해지는 방식이다.

우리나라에서도 오래전부터 질환별로 진료비가 정해지는 포괄수가제를 도입해 과잉 진료 동기를 차단해야 한다는 목소리가 높았다. 국민건강보험 공단 역시 총액예산제와 포괄수가제 도입의 필요성을 제기하고 있다. 현재 우리나라에서 포괄수가제는 7개 질환에 한정돼 실시되고 있다. 공공 병원 에서는 그 적용을 확대하는 시험도 진행되고 있다. 2012년 7월부터 국민건 강보험공단이 직접 운영하는 일산병원과 지역 3개 의료원 등 4개 병원에서 553개 질환(전체 질환의 96%)에 대한 포괄수가제가 시범 적용되고, 2013년에는 40개 지역 거점 공공 병원으로 적용을 확대할 예정이다. 대한민국에서 의료 비 지출 관리를 위한 수가제 개혁이 전개되고 있는 것이다.

한 가지 더, NHS에선 주치의 제도가 감동적이다. 우리나라에선 대통령 이나 재벌 회장만이 주치의를 두고 있지만, 영국에선 모든 국민이 주치의를 두고 있다. 시민마다 개원의 중 한 사람을 선택해 주치의 관계를 맺고 건강 예방과 상담, 질병 치료를 받는다. 환자가 종합병원 진료를 받아야 할 때도 반드시 주치의가 진료 의뢰서를 작성하고 환자와 협의해 전문 진료를 받을 병원을 선택한다. 영국 NHS가 무상의료를 실현하면서도 의료비 지출을 절 감할 수 있었던 배경에는 적절한 진료비 지급 제도를 통한 지출 관리와 주 치의 제도를 통한 환자의 질병 관리가 크게 기여했다.

우리나라에서도 모든 국민이 주치의를 둘 수는 없을까? 가능하다. 영국 도 민간 개원의 체제에서 주치의 제도를 운영하고 있지 않은가! 환자와 개 원의가 의무적으로 주치의 관계를 맺도록 하면 된다. 근래 개원의끼리 경쟁 이 치열해지면서 우리나라에서도 주치의 제도를 긍정적으로 바라보는 의사들이 생기고 있고, 의료생협이 있는 지역에서는 이미 주치의 제도가 자리 잡고 있다. 지나치게 전문의 중심으로 된 우리나라 개원의 구조의 난점이 존재하므로, 가정의학과와 내과 등을 중심으로 단계적으로 주치의 제도를 확대해 나가면서 의료인 양성 구조도 보완해 나가야 한다.

대한민국 의료의 지속가능성을 위한 3대 숙제

국민건강보험 하나로, 수가제도 개혁, 주치의 도입! 이 세 가지가, 내가 영국 NHS를 탐방하면서 노트에 적어 놓은, 대한민국 무상의료를 위한 과제다. 과연 이 꿈이 이뤄질 수 있을까?

우선 무상의료 재원 마련이 중요하다. 재원이 확보돼야 보장성이 높아지고, 기존 비급여를 모두 급여로 전환해 포괄수가제가 효과를 발휘하는 토대를 구축할 수 있다. 아직 갈 길이 멀지만, 무상의료 재정 마련에선 긍정적인 논의가 진전되고 있다. 근래 복지국가 논의에 따라 민주통합당과 진보정당을 비롯해 정치 세력이 무상의료를 내걸고 있고, 국민건강보험료를 더 내겠다는 시민운동까지 벌어지고 있으니 말이다.

나머지 두 과제는 만만치 않다. 정책적으로만 보면 수가제도를 바꾸고 주치의 제도를 의무화하는 법령이 만들어지면 되겠지만, 의료계의 협력 없이는 성사되기 힘든 정치적 사안이기 때문이다.

의료계는 수가제도 개편이나 주치의 제도로 인해 자신의 수입이 줄어들거나 진료 재량권이 감소될 것을 우려한다. 그렇다면 처음에는 현행 의사 수입이 줄어들지 않는 선에서 포괄수가제를 설계하면 된다. 이후에는 지금과 같이 환자당 진료량을 늘려 수입을 올리기보다는, 평판을 좋게 받아 방문 환자 수를 늘리는 쪽으로 유도해야 한다. 바로 영국 개원의와 병원 의사들이 진료하는 방식이다.

주치의 제도 도입을 위해선 거쳐야 할 관문이 많다. 사실 주치의 제도는 환자에게 '꿈의 실현'이지만 의사들에게도 '좋은 선물'이 될 수 있다. 주치의가 되면 환자와 맺는 '상품적 관계'가 '인격적 관계'로 바뀌고, 의사들은 자신이 일하는 지역 사회에서 존경받는 시민으로 자리 잡을 것이다.

히포크라테스 앞에서 선서했듯이, 의료는 돈에 앞서 이웃을 돕는 인류애적 행위이다. 시민들 스스로 국민건강보험료를 더 내서라도 무상의료를 이루겠다고 나서고 있지 않은가! 의료생협을 운영하는 어느 의사는 '국민건강보험 하나로' 방식의 무상의료를 두고 "한반도에서 우리 조상들이 둥지를 튼 이후 이제껏 한 번도 시도해 보지 못한 유토피아적 프로젝트"라고 페이스북에 찬가를 적기도 했다. 의료계의 협력이 절실하다. 그리고 이 협력을 만들어 내는 힘은 바로 우리 가입자, 시민들의 힘이다. 많은 사람이 불안해하는 병원비, 고령화에 따라 늘어나기만 할 병원비 해결에 시민들이 주체로 나서자. 직접 재정 확충에 참여하고, 수가제 개혁에 앞장서며, 자신이 사는 동네에서부터 주치의제 도입을 이야기하자.

노후 걱정 없는 사회

노후 걱정 없는 사회

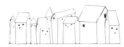

　나는 우리나라 복지 제도 중에서 가장 해법을 내기가 어려운 것이 무엇이냐 물으면 서슴없이 국민연금이라고 답한다. 다른 어떤 제도보다도 풀어야 할 문제는 많은데 답은 잘 안 보인다. 그래도 피해 갈 수 없는 주제가 국민연금이다. 지금은 국민연금 제도의 역사가 길지 않아 급여 규모가 작지만 서구 선진국에서 보듯이 앞으로는 매우 빠른 속도로 지출이 확대될 것이다. 미래 국민연금 재정에 대한 불안이 생기는 이유이다. 어떻게 연금 급여를 유지하면서 재정 불안도 타개할 수 있을까?

　게다가 국민연금은 다른 사회보험이 가지지 않은 독특한 특징이 있다. 예를 들어 국민건강보험은 한 해 거둔 보험료로 그 해 급여를 지출한다. 연말에는 남는 돈이 없다. 그런데 우리나라 국민연금은 미래 연금 지급을 위해 보험료를 수십 년간 기금으로 적립하고 이를 관리 운용하는 재정 구조를 지니고 있다. 그래서 사회보험 제도 중에서 유일하게 '거대한 기금'을 가지고 있다. 이 기금은 규모가 2012년 말 현재 400조 원에 육박해 중앙 정부 예산보다도 크고, 앞으로 더욱 성장할 예정이다. 과연 이 기금을 어떻게 운용해야 할까?

모두가 어려운 과제이다. 그런 만큼 이 과제를 풀어나갈 주체가 필요하다. 현재 우리 세대 내부의 차별뿐만 아니라 미래 세대의 재정 부담까지 생각하는 지혜가 요청된다. 이에 4부에서는 노후 걱정 없는 사회를 만들기 위해 우리 스스로 국민연금을 책임지는 연금주권운동을 제안한다.

우선 13장은 '국민연금, 복지인가? 反복지인가?' 라는 다소 도발적인 제목으로 국민연금이 지닌 기본 특징을 살펴본다. 보통 국민연금에 대한 원성이 높지만 근래 국민연금을 자발적으로 가입하는 사람들의 수가 늘고 있다. 무언가 이전에는 제대로 눈치채지 못했던 비밀이 있어 보인다. 특정 집단에게 혜택이 크다면 그만큼 그 부담을 지게 되는 집단이 존재한다는 것을 의미한다. 국민연금이 풀어야 할 세대 내, 세대 간 형평성 문제를 살펴본다.

14장은 국민연금 밖에 있는 사각지대 문제를 다룬다. 국민연금이 제도 내부 가입자에겐 후한 급여를 제공하지만 보험료를 내지 못하는 사람들에겐 아주 냉혹하다. 그런데 사각지대에 있는 사람들은 노동시장에서 어려운 지위에 있는 계층이다. 이들은 노동시장에서는 임금 차별, 노후에는 국민연금 차별을 받는 셈이다. 이에 국민연금 사각지대를 푸는 방안으로 사회 전체가 보험료 지원에 나서는 대규모의 '사회연대전략' 을 제안한다. 이 과정에서 노후 불안을 함께 해결하는 정규직, 비정규직 노동자 사이 사회연대가 구현되기를 기대한다.

15장은 현재 65세 이상 노인에게 지급되는 기초노령연금의 수난사를 다룬다. 노인들은 현재의 대한민국을 건설한 주인공이지만 국민연금이 늦게 시작된 탓에 대다수가 국민연금 없이 노후를 보내고 있다. 이에 기초노령연금에 대한 노인들의 기대가 큰데, 제도 도입부터 지금까지 정치권의 공수표 남발에 설움을 당하고 있다. 최근 노인들이 '노년유니온'이라는 노동조합을 결성해 기초노령연금 현실화에 직접 나서고 있다. 노인 수가 늘어날수록 기초노령연금에 대한 논란은 커질 것이며, 이 과정에서 노인들의 목소리도 강해질 것으로 예상된다.

나머지 두 개 장은 천문학적인 규모로 성장하고 있는 국민연금기금을 다룬다. 미래 재정 고갈론이 언론에 종종 등장하지만 이는 수십 년 이후의 시나리오일 뿐 정작 국민연금기금이 직면한 문제는 어디에 운용할 것인가이다. 16장 '예산보다 더 큰 국민연금기금, 누가 운용할 것인가?'에서는 기금 운용 체계의 현실과 개혁 방안을 정리했다. 지금은 연금 주인인 가입자들이 별다른 목소리를 내지 못하고 있는데, 이들이 실질적 의사결정권자가 되어야 한다.

17장은 '국민연금기금, 사회적 투자에 나서라!'의 제목으로 국민연금기금의 운용 전략을 살펴보았다. 지금은 기금 운용 이익에 집중하는 수익중심주의 노선을 걷고 있는데, 이러한 고수익은 고위험을 수반하는 일이며 대한민국의 공공적 발전과도 어긋날 수 있다. 이에 공적 연기금의 성격에 맞게 국민연금기금의 대안 운용 전략으로 '사회적 투자'를 강조한다. 국민연금기금을 통해 전체 사회구성원들이 공공적 가치를 구현하는 주체로 나서자는 제안이다.

13

국민연금, 복지인가? 反복지인가?

국민연금을 어떻게 생각하느냐고 물어보면 세대에 따라 대답이 갈리는 것 같다. 젊은 세대는 앞으로 받을 수도 없을 것 같은데 연금보험료를 안 냈으면 좋겠다고 한다. 미래가 불안하긴 하지만 국민연금을 믿을 수 없다는 것이다. 반면 노년 세대는 자신 혹은 동료를 통해 국민연금의 진가를 조금씩 경험하고 있다. 자식보다 낫다는 이야기마저 그럴듯하게 들린다. 그만큼 우리나라 국민연금은 지금 급속한 변화의 한복판에 서 있다. 과연 어디로 갈 것인가?

이 논의를 위해 우선 필요한 작업이 국민연금 제도를 제대로 이해하는 일이다. 국민연금은 어느 제도보다 복잡하고 '기금 운용'이라는 독특한 영역까지 지니고 있다. 이에 국민연금 주제는 현재의 보험료와 급여를 다루는 '제도' 문제와 적립금을 운용하는 '기금' 문제로 구성된다. 그리고 제도와

기금 각각 2개의 논점을 지니고 있어 국민연금을 이해하려면 총 4개의 핵심 의제를 소화해야 한다.

국민연금이 안고 있는 4대 의제

〈그림 14〉는 국민연금을 둘러싼 4대 의제를 나타낸 것이다. 제도 분야는 보험료율과 급여율을 다루는 '재정 안정화' 문제와 '기초노령연금' 발전 방안으로 구성된다. 형식상 기초노령연금은 국민연금과 독립적인 제도이지만 국민연금을 보완하는 공적 연금이라는 점에서 국민연금 제도 범주에 포함해 다루겠다. 기금 분야는 기금 운용 의사 결정권을 누가 가질 것이냐는 '기금 운용 체계' 문제와 기금을 어디에 투자할 것인가를 다루는 '기금 운용 전략'으로 구분된다. 우선 각 의제별 내용과 논점의 기본 골격을 살펴보자.

첫 번째 의제인 '재정 안정화'는 국민연금의 미래 재정이 지속가능한가를 다룬다. 2003년 노무현 정부는 미래 연금 재정 불안(소위 '기금고갈론')을 완화하기 위하여 보험료율을 올리고 급여율을 낮추는 '더 내고 덜 받는' 개정

〈그림 14〉 국민연금 4대 의제

안을 국회에 제출했다. 이 개정안은 기존 국민연금에 대한 불신을 증폭시켜 사회적 논란을 낳았고 인터넷에선 이를 꼬집는 '국민연금 8대 비밀'이 회자되기도 했다. 결국 4년간의 우여곡절을 거친 끝에 2007년 7월 보험료율은 현행 9%로 유지하되 법정 급여율은 당시 60%에서 20년 후인 2028년까지 40%로 낮추는 것으로 개정되었다.

현행 국민연금법은 5년마다 국민연금 미래 재정을 추계하고 재정 안정화 조치를 취하라고 명하고 있다. 2003년 노무현 정부가 국민연금 개정안을 만든 것도 이 국민연금법 조항이 처음으로 적용돼 수행한 조치였다. 이명박 정부 임기 첫해인 2008년은 국민연금법상 5년마다 돌아오는 2차 재정 추계 연도였다. 이에 2차 재정추계위원회가 결성돼 작업을 벌였으나 이명박 정부는 2003년에 완료되었어야 할 국민연금법 개정이 2007년에야 이루어졌다는 것을 이유로 별다른 법개정 조치를 취하지 않았다. 2013년은 3차 재정 추계 해이다. 2013년 중반에 국민연금 재정 추계 결과와 재정 안정화 조치가 발표될 예정이다. 아마도 후세대 부담 완화를 위해 국민연금보험료 인상 혹은 급여 인하 요구가 다시 등장할 가능성이 높다. 노무현 정부 때와 비슷한 사회적 논란이 벌어질 것이다.

두 번째 의제는 2007년 국민연금법 개정 논란 과정에서 도입된 기초노령연금의 발전 방안이다. 2007년 국민연금법 개정 당시 여야 정치권은 국민연금 급여율을 인하하는 대신 이를 보전하는 명분으로 기초노령연금을 새로 도입했다. 기초노령연금의 급여율은 2008년에 국민연금 가입자 평균 소득의 5%로 시작해 2028년에 10%에 도달하는 것으로 정해졌는데, 아직까지 상향 방식이 정해지지 않아 계속 5%에 머물고 있다. 이에 어떻게 기초노령연금 급여를 인상할 것인지, 그 재정은 어떻게 마련할 것인지가 논점이다.

세 번째 의제는 '누가 기금을 운용할 것인가'를 다루는 기금 운용 체계 논란이다. 국민연금기금의 규모가 커질수록 이 기금의 운용권이 초미의 관심사로 떠오르고 있다. 금융 시장의 이해관계자일수록 국민연금기금이 자산 운용 시장에서 큰손으로 역할해 주기를 기대하고, 시민사회는 가능한 수익 중심주의에서 벗어나 공공성을 중시해 주기를 바란다.

이명박 정부는 2008년 국민연금법 개정안을 국회에 제출했다. 최고 의사 결정 기구인 국민연금기금운용위원회에서 현행 가입자 대표의 참여권을 박탈하고, 기금 운용 권한을 전적으로 민간 금융 전문가에 맡기는 이른바 국민연금기금 '민간 위탁' 개정안이었다. 이 개정안은 찬반논란 끝에 18대 국회에서 마무리되지 못하고 폐기되었는데, 다시 19대 국회에서 등장할 가능성이 있다.

네 번째 의제는 '기금을 어디에 투자할 것인가'를 다루는 기금 운용 전략이다. 보통 국민연금기금은 '연못 속 고래'로 비유된다. 자꾸만 커지는 몸통에 비해 국내 자산 운용 시장이 너무 비좁다. 국민연금기금의 규모가 빠른 속도로 커지는 데 반해 이를 소화할 수 있는 안정적 시장의 발굴이 어려워 점차 해외 투자, 대체 투자 등 고위험 자산 운용이 늘어나고 있는 추세이다.

과연 국민들의 노후 예탁금인 국민연금기금이 이처럼 고위험 투자에 노출되는 것이 바람직한가? 시민사회, 가입자 단체들은 국민연금기금의 대안

투자의 필요성을 제기하고 있으나 후세대 재정 부담을 완화시키기 위해선 기본 수익성을 무시할 수도 없는 상황이다. 이러지도 저러지도 못하는 난처한 상황에서 국민연금기금은 위험자산을 늘려 가고 있어 우려와 논란도 커지고 있다.

국민연금의 최대 비밀, '후한 급여'

여기 13장에서는 첫 번째 의제인 급여와 보험료 관계, 즉 재정 안정화 문제의 내용과 해법을 살펴보자. 2011년에 우리나라에서 새로 도입된 복권이 있다. 20년간 매달 500만 원씩 지급되는 연금복권이다. 도입부터 대박을 내었다. 그런데 이 매력적인 복권 상품을 접하는 사람들의 마음이 밝지만은 않다. 다수의 사람에게 장수가 축복이 아니라 불안으로 느껴지는 '이상한' 시대에 우리는 살고 있다.

서구에선 공적 연금의 역사가 100년에 이른다. 일찍이 공적으로 노후를 대비해 온 편이지만, 요사이는 서구 나라들도 공적 연금으로 힘겨워하고 있다. 2008년 기준 OECD 국가들이 공적 연금에 지출하는 재정 규모가 평균 GDP 7%로 전체 복지 지출 GDP 19% 가운데 거의 40%를 차지한다. 정부는 연금액을 인하하거나 연금 수급 개시 연령을 늦추는 방식으로 연금 개혁을 추진하고, 가입자들은 이에 반발하는 일이 반복되고 있다.

같은 OECD 자료를 보면, 우리나라 공적 연금 지출은 GDP 1.7%에 불과하다. 일찍 도입된 공무원 · 군인 · 사학연금 등 특수직역 연금만 자기 역할을 할 뿐, 국민연금은 1988년에 시작돼 아직 연금 수령자가 많지 않은 까닭이다. 문제는 앞으로다. 지금 유럽 국가들이 맞고 있는 현재가 우리가 겪어야 할 미래이고, 고령화가 심화됨에 따라 더욱 어려운 미래가 될 수 있다.

올해 우리나라 고령화율이 11.3%로서 OECD 평균 16.3%보다 낮다. 하지만 워낙 우리나라 고령화 속도가 빨라 2050년에는 무려 38.1%에 달한다는 게 정부의 공식 전망이다. 이렇게 되면 성인 4명이 노인 3명을 부양하게 돼 노인 부양비가 75%가 된다. 지금 노인 부양비가 16%이니 노인 부양 책임이 지금보다 무려 5배나 커진다는 이야기이다.

과연 국민연금이 이를 대처해 나갈 수 있을까? 사실 국민연금은 태어나면서부터 원성의 대상이었다. 국가가 노후에 연금을 주겠다며 강제로 보험료를 징수해 가지만 나중에 연금을 받을 수 있을지 믿기 어려웠기 때문이다. 또한 과세 인프라가 취약한 탓에 연금보험료 산정을 두고도 민원이 끊이지 않았다.

2004년에는 한 네티즌이 올린 '국민연금 8대 비밀'이 전국을 강타해 국민연금을 '공공의 적'으로 몰아넣었다. 그 한 해 전에는 국민연금공단에서 지역 가입자를 관리하던 노동자가 '이 세상을 떠나며 마지막으로 남기는 글'이라는 유서를 전하며 목숨을 끊었다. "오늘도 하기 싫은 일을 억지로 했다. 먹고살기 힘들다는 사람들에게 일방적으로 보험료를 조정하겠다는 문서를 만들었다."고 자괴감을 적은 그는, 당시 국민연금공단 경영진이 강요하는 징수 실적 올리기와 현장 민원 사이에 낀 자신의 처지를 견뎌 내지 못했다.

지금은 어떤가? 국민연금을 둘러싼 여론이 바뀌고 있음이 느껴진다. 국민연금을 수령하는 사람들이 생겨나면서 국민연금의 효과가 알려진 덕분이다. 몇 년째 국민연금을 받고 계시는 내 친척 분은 국민연금만큼 좋은 게 없다고 홍보대사 역을 자임하신다. 국민연금공단 노동조합의 간부는 나에게 이런 말도 전해 주었다. "예전에는 연금보험료에 불만을 가진 가입자들이 지사에 찾아와 거세게 항의하는 바람에 한 달에 한 번 정도는 경찰차가 왔는데, 지금은 종종 동네 어르신들이 박카스 한 박스를 건네주곤 한다. 이렇게 국민연금을 받아도 되는지 미안하고 고맙다면서."

내 생각에 국민연금이 지닌 최대 비밀은 '후한 급여'에 있다. '용돈연금'이라는 말에 익숙한 사람들은 다소 의아하겠지만, '낸 것에 비해' 후하다는 뜻이다. 현재 국민연금에서는 모든 가입자가 자신이 낸 보험료보다 더 많은 돈을 돌려받는다. 이미 환갑이 넘어 국민연금을 받고 있는 이건희 삼성 회장도 그렇고, 현재 국민연금 보험료를 내고 있는 금융 회사 임원도 그럴 것이다.

전체 가입자 기준으로 국민연금의 평균 수익비가 1.8배이다. 현재 가치로 100원을 내고 나중에 180원을 받는 구조이다. 직장 가입자의 경우에는 회사가 보험료의 절반을 부담하므로 본인 부담 보험료 대비 수익비는 무려 3.6배이다. 주주 이윤과 관리 운영비를 챙겨야 하기에 이론상 수익비가 결코 1.0배를 넘을 수 없는 민간 생명보험이 따라올 수 없는 놀라운 급여이다(실제 민간 생명보험의 본인 부담 보험료 대비 수익비는 약 0.7배 이하 수준으로 추정). 게다가 국민연금은 급여 제도가 하후상박으로 설계돼 있어서 납부한 보험료 총액 대비 급여액을 나타내는 수익비가 저소득 계층일수록 더 높다.

국민연금의 두 가지 형평성 문제

오랫동안 상당수 시민들이 국민연금이 개인연금에 비해 손해라고 여겨왔던 상황에서, 국민연금의 이런 급여 구조는 정말 큰 비밀이지 않은가? 일찍이 이 비밀을 간파한 사람들이 있다. 국민연금 임의가입자이다. 국민연금은 성인이면 모두 가입해야 하는 의무 제도이지만, 전업주부, 27살 미만 무소득자, 기초생활수급자 등은 소득이 없기에 의무가입에서 제외되는데, 원할 경우 이들도 임의가입자 형식으로 국민연금에 가입할 수 있다.

국민연금 도입 초기부터 2008년까지 임의가입자 수가 약 3만 명에 달했다. 사람마다 '공공의 적'이라 비판하며 국민연금에서 벗어나고 싶다고 아우성이던 시절, 스스로 국민연금에 가입한 분들이다. 그런데 이제는 비밀이 새어 나가고 있는 모양이다. 2009년 임의가입자 수가 4만 명에 이르더니, 2010년에는 9만 명, 2011년에는 17만 명으로 급증하고 있다. 이들 임의가입자들의 주소지를 보면 서울 강남 3구가 많다고 한다. 역시 발 빠르시다.

이제라도 국민연금의 본래 모습이 알려지는 건 다행이지만, 난 여전히 국민연금이 불편하다. 공공복지 제도이지만 두 가지 면에서 형평하지 못하기 때문이다. 하나는 현재 세대 내부에 존재하는 형평성 문제이고, 다른 하나는 현재 세대와 미래 세대 간 형평성 문제이다.

먼저 세대 내 형평성 문제를 살펴보자. 앞서 말했듯이, 국민연금은 괜찮은 노후 복지 제도이다. 그런데 이는 가입자에게만 그렇다. 현재 성인 인구 중 절반은 국민연금 가입 대상이 아닌 비경제 활동 인구이거나 가입했더라도 보험료를 내지 못하고 있다. 국민연금은 냉혹한 놈이어서, 자신에게 보험료를 납부한 사람, 즉 제도 내부자에게는 '후한 급여'를 제공하지만, 외부자에게는 아무것도 주지 않는다. 내부자는 그럭저럭 연금보험료를 낼 여력이 있는 사람들이고, 외부자는 이것조차 힘겨운 사람들이다. 비정규 노동자는 젊었을 때는 노동시장에서, 늙어서는 국민연금에서 이중의 차별을 당하는 꼴이다.

미래 세대와의 세대 간 형평성 문제도 '후한 급여'에서 비롯된다. 아무리 '세대 간 연대'라고 아름답게 표현하더라도, 현세대의 후한 급여는 후세대의 짐일 수밖에 없다. 우리가 낸 것보다 더 많은 급여만큼 후세대의 어깨가 무거워진다. 현재 세대가 지금까지 어렵게 살아왔다지만, 미래 세대에게 과중한 부담을 남겨 주는 건 공평하지 않다.

공적 연금 제도가 지닌 이 두 가지 형평성 문제를 어떻게 해결할 수 있을까? 나는 국민연금에 대해 강연할 때마다 곤혹스럽다. 해답 찾기가 만만치 않기 때문이다. 국민연금 제도 외부의 정책 지원, 사회 구조 개혁이 함께 수반되는 복합방정식을 풀어야 한다.

우선 세대 내 형평성은 국민연금 제도에 속해 있지 않아 제도 수혜를 누릴 수 없는 사각지대 문제이다. 두 가지 대책이 필요하다. 하나는 기초노령연금을 강화해 대부분의 노인에게 기본적 급여를 제공해야 한다. 현재 기초노령연금이 최소한 두 배로 올라야 한다. 일부에서 재정 부담을 걱정하지만, 고령화 시대에 이는 감수해야 할 비용이고, 우리는 그만한 경제력을 지녔다는 게 나의 판단이다.

동시에 사각지대에 속한 사람들이 국민연금 제도 내부로 들어갈 수 있도록 지원 방안을 마련해야 한다. 이들이 보험료를 제대로 낼 수 있도록 일자리가 괜찮아지는 게 최선의 방안이지만, 당장 그것이 어렵다면 국민연금 보험료를 지원하는 게 차선이다. 2012년부터 일부 저임금 노동자에게 사회보험료 지원이 행해지고 있지만, 다음 14장에서 살펴볼 '국민연금보험료지원운동'(일명 '사회연대전략')같은 대대적인 국민 운동이 전개됐으면 좋겠다.

세대 간 형평성 문제는 어떻게 풀 수 있을까? 현재 진행되는 미래 재정 추계 결과는 2060년경에 국민연금기금이 소진된다고 경고한다. 그때에 후세대가 짊어져야 할 국민연금 부담이 매우 크다. 어떻게 해야 할까? 후세대 부담을 줄여 주기 위해 국민연금 급여를 낮추자는 의견이 있으나, 지금도 국민연금액이 충분치 않은 상황에서 급여율 인하는 고려할 방안이 되지 못한다.

그렇다면 어려운 과제이지만, 국민연금 보험료를 인상하거나 사용자 몫을 늘리는 게 답이다. 현재 OECD 국가의 공적 연금 보험료율 평균은 19.6%(피고용인 8.4%, 고용인 11.2%)로서 우리나라의 9%(피고용인 4.5%, 고용인 4.5%)보다 두 배 이상이다. 향후 국민연금 급여 체험이 확장되는 것에 맞춰 보험료 수준에 대한 사회적 동의를 만들어 가야 한다.

고령화는 인구학적 의제가 아니라 사회경제적 의제

현재 국민연금에서 낸 몫과 받을 몫의 차이가 큰 이유가 무엇일까? 초기에 제도수용성을 높이기 위해 보험료를 낮게 설정한 것도 이유이지만, 더 핵심적인 이유는 예상보다 국민들의 수명이 길어졌기 때문이다. 사망 때까지 연금을 지급하는 국민연금 제도 특성상 국민들이 오래 살수록 재정은 어려워지게 된다. 현재 진행되는 고령화가 심화될수록 국민연금의 재정 불안은 더욱 커질 수밖에 없다.

내가 생각하기에, 연금을 둘러싼 세대 간 긴장을 근본적으로 해소하기 위해서는 노인의 정의 자체를 수정할 수 있을 만큼 사회경제적 구조가 바뀌어야 한다. 우리나라 평균 수명은 1971년 62살에서 2005년 79살로 늘어났고, 2050년에는 86살로 높아질 예정이다. 이런 상황에서 과연 노인의 기준 연령이 계속 65살로 설정되는 것이 적절한지 의문이다. 일할 체력과 의사를 가진 노인에게는 일자리가 주어져야 한다. 만약 대부분의 사람이 70살까지 일하게 된다면 고령화 기준은 70살이 되고, 그러면 기존 5년의 연금 수급 기간은 보험료 납부 기간으로 바뀌어 후세대에 주는 재정 부담도 경감될 것이다. 매달 지급받는 연금 급여 수준을 낮추지 않으면서 말이다.

2012년 봄에 어느 금융학회가 주관하고 경제신문사와 민간 보험 회사들이 후원하는 '고령화 사회와 금융의 역할' 제목의 심포지엄에 다녀왔다. 참석자들은 이구동성으로 미래 고령화 위험을 강조하며 연금보험 산업이 적극 나서라고 주문했다. 지금부터 국민들이 민간 연금보험에 가입해 차곡차곡 노후를 대비해야 한다는 경고성 상품 홍보이기도 하다.

그런데 고령화 사회에 대응하기 위해 금융이 큰 역할을 해야 한다는 패널들의 합창이 귀에 거슬렸다. 고령화는 65세 이상 인구 비율을 가리키는 지표이다. 즉 나이가 기준이다. 그런데 우리가 정작 주목해야 할 주제는 나이가 아니라 은퇴이다. 오래 사는 것이 삶의 부담이 되는 '장수리스크' 가 아니라 일정 나이가 돼서 생업에서 밀려나는 '은퇴리스크' 가 논의의 핵심이다.

장수는 생물학적으로 정의되지만 은퇴는 사람들이 만들어 낸 사회 구조에 의해 실행된다. 65세 이전에 사오정(45세가 정년)이 될 수도 있고 반대로 신체가 허락할 때까지 자신의 경험을 살려 더 오래 일할 수도 있다.

왜 노인은 일자리 없이 20, 30년의 여생을 살아야 하는가? 이들의 대부분은 일할 능력이 있고 일하고 싶어 한다. 신은 65세가 넘어도 건강한 신체를 허락했지만 사회가 이들을 노동시장 밖으로 쫓아내고 있다. 우리가 지금 논의하는 고령화 위험의 본질은 인구학적 의제가 아니라 노동시장과 경제 체제를 혁신해야 하는 '사회경제적 의제'이다. 장수가 축복이 아니라 재앙인 이유는 우리가 먹고사는 방식, 우리가 만들어 낸 경제 구조에 있다.

고령화 시대인 지금 우리에게 무엇이 필요한가? 노인에게도 일감이 주어지도록 모두가 노동 시간을 단축해야 한다. 그만큼만 일하고도 먹고살 수 있게 소수가 독과점하는 사회적 부를 다수가 적절히 공유하도록 해야 한다. 일하는 방식, 부를 나누는 방식에서 혁명이 필요하다는 점에서 이는 우리가 풀어야 할 시대사적 과제이다. 오래 사는 게 문제가 아니다. 장수가 행복해지도록 사회를 바꾸어야 한다.

14

국민연금 사각지대, 사회연대로 해결하자!

2010년 무상급식 논쟁 이후 모든 정치세력들이 복지 이야기로 성찬을 차리고 있다. 그런데 유독 이 잔칫상에 오르지 못하는 복지가 하나 있다. 국민연금이다. 새누리당, 민주통합당, 진보정당 어디에서도 국민연금 보험료나 급여에 대한 언급이 없다. 이전에 '국민연금 8대 비밀'로 많은 사람이 분통을 터뜨렸고, 앞으로 심각해질 고령화 사회를 생각하면 의외로 느껴질 수 있다. 왜 그럴까?

국민연금, 가난한 비가입자에겐 그림의 떡

우선 국민연금 급여를 늘릴 뾰족한 수가 없기 때문이다. 국민연금은 연금보험료를 기본 재원으로 하기에 급여율을 올리려면 보험료를 인상할 수밖에 없다. 지금 누가 국민연금 보험료를 더 내자고 이야기할 수 있을까?

또한 현재의 국민연금이 가입자에게 꽤 괜찮은 제도이기 때문이다. 비록 국민연금에 대한 사회적 불신이 여전히 남아 있지만, 가입자가 낸 보험료와 대비하면 국민연금 급여는 상당히 후한 편이다. 요사이 의무가입자가 아닌데도 국민연금에 자진 가입하는 사람들이 급속히 느는 것이 이를 말해 준다.

이렇게 급여 수준을 올릴 별다른 묘안도 없고, 지금 상태도 가입자에게 괜찮은 편이라는 사실이 알려지고 있는 상황에서 정치권에서 굳이 현행 국민연금을 바꾸는 공약을 내놓을 이유가 없어 보인다.

그런데 전체 국민의 처지에서도 국민연금이 이대로인 것이 좋을까? 수십 년 뒤의 국민연금기금 소진 이야기를 하자는 것이 아니다. 국민연금은 보험료 납부자인 제도 내부자에게는 우호적이지만 보험료를 낼 수 없는 제도 외부자에게는 냉혹한 놈이다. 국민연금 가입자들은 대체로 매달 국민연금 보험료를 꼬박꼬박 낼 여력이 있는, 즉 노동시장에서 그럭저럭 괜찮은 일자리를 가진 사람들이다. 반면 나중에 국민연금을 받지 못하는 사각지대는 지금 형편이 어려워 보험료를 내지 못하는 사람들이다. 이들은 대체로 비정규직 노동자, 영세 자영자, 주부 등 경제적 취약 계층으로 대략 전체 성인의 절반을 차지한다.

국민연금이 노동시장에서 괜찮은 일자리를 가진 사람에겐 노후 복지를 제공하지만 그렇지 못한 사람에게는 아무것도 주지 않는 제도라니! 젊은 시절 노동시장의 차별을 노후에 더욱 증폭시키는 역진적 복지 제도인 셈이다. 그래서 일반 서민 처지에선 현재의 국민연금 제도가 결코 방치할 사안이 아니다. 보완책으로 기초노령연금이 있지만 금액이 너무 적어 국민연금의 차별을 보전하기에는 아직 부족하다. 그렇다면 도대체 무엇을 할 수 있을까?

이루지 못한 프로젝트, 사회연대전략

2007년 1월 민주노동당은 당 역사상 처음으로 모든 공중파에서 생중계되는 대표 신년 기자 회견을 했다. 소수정당 대표에게도 다른 정당들과 동일한 기회가 제공돼야 한다는 요구가 반영돼 공중파들을 당사로 불러들일 수 있었다. 당시 서울 영등포구 문래동에 있던 낡고 조그만 당사 건물은 생중계 차량들로 북적였고, 좁은 복도에는 방송 케이블선이 거미줄처럼 깔렸다.

이때 민주노동당 문성현 대표의 입에서 나온 이야기는 처음부터 끝까지 '국민연금 보험료 지원 사업'이었다. 연두 기자 회견이므로 한 해 정세와 다양한 의제를 다루어야 한다는 당 기획실의 초안을 백지화하고, 문 대표는 국민연금 사각지대를 해소하기 위한 보험료 지원 사업을 설명하는 데 모든 시간을 할애했다. 한 해 동안 이 사업에 당력을 집중하겠다는 내용의 파격적인 원포인트 연두 기자 회견이었다. 왜 민주노동당은 단일 국민연금 사업에 그 귀중한 시간을 모두 할애하였을까?

당시 '보험료를 더 내고 급여는 낮추는' 국민연금법 개정이 논란을 겪고 있었다. 원내 진출 이후 별다른 활동을 보여 주지 못하던 민주노동당은 국민적 관심사인 국민연금을 소재로 획기적인 도약의 계기를 마련하고자 했다. 광범위한 사각지대가 국민연금의 근본 문제라고 판단한 민주노동당은, 이 과제를 해결한다면 노후 빈곤에 직면한 서민의 지지를 얻고, 그 과정에서 진보정당만이 발휘할 수 있는 사회연대 가치를 구현할 수 있으리라 기대했다.

진보 진영에서 '사회연대전략'으로 더 알려져 있는 '국민연금 보험료 지원 사업'은 당시 중위 소득의 70% 이하에 속하는 644만 명의 저소득 계층과 비정규 노동자에게 5년간 국민연금 보험료를 지원해 이들에게 나중에 국민연금 수급권을 지닐 수 있는 징검다리를 만들어 주자는 내용이었다.

이를 위해 총 17조 원이라는 막대한 재정이 소요되는데 재정 방안은 〈표 18〉과 같다. 우선 기존 국민연금 가입 노동자가 미래 급여를 일부 인하하는 방식으로 약 3조 원을 조성하고(미래 급여 인하이므로 추가 보험료 부담은 생기지 않음. 1인당 5년간 월 1,700~3,200원 공제), 동시에 상위 계층 가입자들이 약 2조 원을 더 납부한다. 그러면 기존 국민연금 제도 내부자가 총 5조 원을 조성하게 되고, 여기에 국가와 기업이 각각 6조 원씩 책임져 17조 원을 마련한다.

〈표 18〉 국민연금 보험료 지원 사업 필요 재정의 주체별 몫

	가입자	상위 계층	국가	기업	계
재정 규모	3조 원	2조 원	6조 원	6조 원	17조 원

당시는 국민연금법 개정(2007년 7월 급여율이 60%에서 40%로 인하) 이전이므로 국민연금 가입 노동자들이 미래에 받을 연금 급여는 본인 부담 보험료에 비해 평균 5배로 지금(3.6배)보다 더 높았다. 그래서 민주노동당은 아무런 혜택을 받지 못하는 사각지대, 즉 훨씬 어려운 처지에 있는 계층의 노후 복지를 위해 정규직으로 상징되는 제도 내부 가입자들이 필요한 재정의 일부를 책임지자고 제안한 것이다.

민주노동당은 일반 가입자의 경우 당장 보험료를 더 내는 것이 아니라 미래에 받을 급여 중 일부 상징적인 소액을 연금 회계에서 공제하는 것이기에 당의 핵심 사업으로 진행하면 당사자들을 설득할 수 있으리라고 기대했다. 특히 이 과정에서 정규직 노동자와 비정규 노동자 사이에 노후를 매개로 상징적인 사회연대가 구현되기를 바랐다. 제도적으로 연금 사각지대를 해소하고, 조직적으론 정규직 중심주의를 극복하며, 정치적으론 진보정당이 사회적 문제 해결의 주도권을 쥐자는 야심찬 프로젝트였다. 당시 권영길 원내대표도 국회 본회의 대표 연설에서 이 사업을 제안하고 울산에 있는 현대자동차 노동조합을 직접 방문해 사업 설명회를 열고 진보적인 연금정치, 비정규직 정치, 헤게모니 정치를 역설했다.

하지만 일반 노동자가 미래 급여에서 공제하는 3조 원을 둘러싸고 민주노동당과 민주노총 내부에서 뜨거운 논쟁이 벌어졌고, 결국 이 사업은 당 지도부의 의욕과 달리 열매를 맺지 못했다. 국가와 자본이 책임져야 할 몫을 노동자가 자임하는 것은 노동자 양보론이라는 노동계 일부의 비판을 넘지 못한 것이다.

불안정 노동자에게 사회보험료를 지원하라

그리고 5년이 지난 2012년 현재, 국민연금 사각지대 문제는 그대로 방치돼 있다. 노동시장에서 불안정한 지위에 있는 사람들이 노후 빈곤을 향해 가고 있다. 다행히 2011년부터 참여연대와 몇몇 국회의원이 사회보험료 지원의 필요성을 제기하면서 국민연금 사각지대 문제가 다시 사회적 관심거리로 등장해 2012년부터 미약하나마 '저임금 근로자 사회보험료 지원 사업'이 시행되고 있다. 10인 미만 사업장에서 일하는 월 125만 원 미만 노동자와 사업주에게 국민연금과 고용보험료의 2분의 1~3분의 1이 지원된다. 예를 들어 월소득 104만 원의 노동자는 본인 부담 보험료의 절반인 연간 31만 원(월 2만 6천 원)이 경감된다.

아직은 넘어야 할 산이 많다. 2012년 책정된 예산이 2,654억 원으로 이를 필요로 하는 대상 규모에 비하면 턱없이 작은 사업이다. 이 사업이 실효성을 가지려면 정부 행정망이 제대로 미치지 못하는 소규모 사업장에 대한 종합 관리가 중요하고, 해당 예산도 대폭 증액돼야 할 것이다. 그럼에도 사회보험 사각지대 문제가 심각한 우리나라에서 보험료 지원 사업이 시작된 것은 의미 있는 일이다.

이제 많은 사람이 미래 복지국가를 꿈꾸는 시대이다. 사회보험 사각지대를 더는 방치할 수 없다. 근래 복지국가 민심을 밑거름으로 삼아 대대적인 연금보험료 지원 사업이 국민 운동으로 전개되면 좋겠다. 우리나라 국민연금 제도의 역진적 현실을 고려하면, 급여 혜택을 받는 일정 소득 이상 가입자들도 보험료 지원에 참여하는 사회연대 방식이면 더욱 바람직하다. 그래야 이해당사자 사이에 연대망이 결성되고 복지주체로 발돋움할 수 있기 때문이다.

지난 몇 년이 보여 주었듯 대한민국이 급속히 변하고 있다. 복지국가는 이를 바라는 시민의 연대를 통해 만들어야 견고하고 지속가능하다. 미래 고령화 사회에 모든 것을 국가재정에 내맡기자는 주장보다는 시민·기업·

정부 모두가 복지국가의 기틀을 만드는 데 일조하는 사회연대 논리가 훨씬 설득력이 있다. 복지국가를 꿈꾸는 사람이라면 우리가 무엇을 할 것인가도 스스로에게 물어야 한다. 그래야 국가와 기업에도 더 강력히 요구할 수 있다.

15

대한민국 기초노령연금의 수난사

이명박 대통령은 2012년 2월 열린 취임 4주년 기자회견에서 "지난 4년을 되돌아보면서 잊지 못할 한 사람을 늘 기억하고 있다"면서 2008년 서울 가락시장 방문에서 만났던 할머니 얘기를 꺼냈다. 그는 "컴컴한 한쪽 구석에 웅크리고 있어 가 봤다. 시래기를 파는 할머니에게 '할머니, 아침에 이렇게 장사를 하시냐. 힘드시겠습니다'라고 하자 깜짝 놀라서 일어서면서 제 품에 안겼다"했다. 그리고 그는 "저는 그 할머니에게 제가 20년 쓰던 헌 목도리를 감아 드리면서 날씨가 추우니 조심하라고 하고 돌아섰다"고 회고했다. 언론에 종종 '목도리 할머니' 일화로 등장하는 이야기이다.

경제위기를 맞아 많은 사람이 어려움을 겪고 있지만 주변에서 쉽게 눈에 띄는 대상이 노인들이다. 지하철 선반 위에 놓인 무가지 신문이라도 모아야 하는 세상이다. 이미 우리나라 노인 인구는 현재 500만 명을 넘어 10명

중 1명이 노인이고, 2018년에는 노인 인구가 700만 명(인구의 14%)을 넘어 고령사회에 이를 예정이라는데, 대다수 노인은 별다른 대책 없이 불안한 노후로 달려가고 있다.

가락시장을 찾은 대통령은 과연 노인들의 불안을 진정으로 생각했을까? 대통령 자신과 새누리당이 얼마나 어르신들을 우롱해 왔는지 알고나 있을까? 이제 노인들의 핵심 복지인 기초노령연금이 당한 수난사를 살펴보자.

한나라당의 파격적인 기초연금 제안, 그러나…

2004년 17대 국회가 개원하자 현재 새누리당의 전신인 한나라당은 주위를 놀라게 하는 노인 정책을 발표했다. 65세 이상 모든 노인에게 매월 30만 원을 지급하는 기초연금 도입 법안을 국회에 제출한 것이다. 한나라당의 기초연금안은 2006년에 9% 급여율로 시작해 매년 0.5%포인트씩 인상하여 2028년에 20%에 도달하는 것이었다. 기초연금의 급여율은 국민연금 가입자의 평균 소득을 기준으로 계산되기에, 금액으로 환산하면 2006년엔 14만 원이고 2028년에 30만 원에 달하는 돈이다.

이 제안이 파격적이었던 이유는 소요 재정 때문이었다. 당장 도입 첫해에 8조 원이 필요하고, 노인 수가 늘어나는 2030년에 91조 원(GDP 5.5%)으로 증가한다(2006년 불변 가격). 부유세를 도입해 국가 재정을 대폭 늘리자는 민주노동당이라면 모를까, 감세를 주장하며 작은 정부를 주창하는 한나라당이, 그것도 민주노동당의 방안보다 더 높은 기초연금을 꺼내 놓았기에 모두 어리둥절했다.

한나라당이 기초연금에서 과감한 행보를 보인 이유는 2002년 대선의 뼈 아픈 기억 때문이다. 당시 이회창 후보가 노무현 후보에 패배한 이유 중 하나가 노후 의제에서 밀렸다는 것이었다. TV토론에서 이 후보가 '미래 재정을 감안해서 국민연금 급여를 깎을 수밖에 없다'고 솔직하게 이야기하자, 노 후보가 이를 놓치지 않고 '용돈연금론'을 꺼내 들며 이 후보를 궁지로 몰아넣었고, 한나라당은 졸지에 불효정당이 되어야 했다(그런데 노무현 후보는 대통령 당선 이후 자신이 그토록 비판했던 연금 급여 인하를 국정 핵심 과제로 추진했다!).

이에 한나라당이 다음 대선을 준비하며 공을 들인 대상이 노인이었다. 한나라당은 2004년 17대 국회가 개원하자 내부에 연금팀을 꾸렸고 마침내 12월 월 30만 원을 지급하는 기초연금안을 국회에 제출했다. 노후 의제를 선점하려는 전략적 행보였다.

기초연금은 정치적으로 상당한 성과를 발휘했다. 노무현 정부의 국민연금 개정안을 반대하는 명분으로, 그리고 노인 빈곤화를 해소하는 대안으로 기초연금이 노인들로부터 주목을 받았다. 이에 노무현 대통령으로부터 연금 개혁을 완료하라는 특명을 받고 보건복지부를 맡은 유시민 장관이 '기초노령연금'안을 꺼냈다(용어만 다를 뿐, 기초연금과 기초노령연금은 동일한 의미로 사용된다). 노무현 정부 방안은 노인 60%에게 월 7만~10만 원을 지급하는 방안이다. 그런데 이 기초노령연금 금액 산정이 매년 물가 상승률을 반영해 결정된다. 일반적으로 물가 상승률이 소득 상승률에 뒤처지므로 소득을 기준으로 계산되는 국민연금 급여율 기준으로 평가하면 기초노령연금 급여율이 2030년에는 2%대로 자동 축소되는 방안이었다. 당장은 금액이 야당의 기초연금과 엇비슷해 보이지만 점차 소멸하는 제도로 꼼수에 가까웠다.

2004~2007년 3년간 국회에서 노무현 정부와 여당, 한나라당, 민주노동당 3자간 치열한 연금 정치가 펼쳐졌다. 그런데 정작 가장 강력한 기초연금을 제안하는 한나라당 내부에는 말 못할 어려움이 있었다. 재원 방안이 없었기 때문이다. 애초에 한나라당은 부가가치세 인상 방안을 검토하였으나 경제계의 비판에 부딪쳐 철회되면서 '재원 대책' 없는 기초연금이 생겨난 것이다. 한나라당은 강력한 재정이 소요되는 기초연금 도입과 재정을 줄이는 세금 감면을 동시에 주장하는 이상한 정당이 되어 버렸다.

기초노령연금 수난사

이때부터 기초노령연금의 수난이 시작된다. 한나라당의 기초연금은 경로당에 전달하는 선물로는 최상이었으나 공론의 장에서는 재정 방안의 결함을 지닌 상품이었다. 그래서 정치적으로 노인 문제를 강조할 때면 기초연금을 꺼내 놓지만 실제 법안 심의나 정책 논의 과정에서는 이를 뒷전으로 미루는 한나라당의 '이중생활'이 펼쳐진다.

첫 번째 수난은 2007년 7월 발생했다. 당시 한나라당은 사학재단의 이사회 권한을 강화하는 방향으로 사립학교법을 개정하고자 했고, 여당인 열린우리당은 오랫동안 끌어 왔던 '더 내고 덜 받는' 국민연금법 개정을 마무리하고자 했다. 빅딜이 이루어졌다. 한나라당은 사립학교법 개정을 얻는 대신 정부의 국민연금 급여 인하를 수용하고 기초연금의 급여율 목표를 애초 20%에서 10%로 절반 낮추었다. 사학재단의 지지도 얻어내면서 재원 없는 기초연금 딜레마에서 벗어나는 일석이조의 행보였다.

그 결과 지금의 기초노령연금이 탄생했다. 도입 첫해인 2008년에 전체 노인의 60%에게 급여율 5%의 연금(월 8만 4,000원)을 지급하고, 장차 20년 후인 2028년에 10%에 도달한다는 내용이다. 이렇게 기초노령연금은 한나라당에 의해 반토막 나는 기구한 운명을 맞았다.

그런데 2007년 대선에서 이명박 후보가 다시 기초노령연금 인상안을 꺼내 들었다. 노무현 정부와 합작하여 기초노령연금을 훼손한 지 다섯 달 만에 노인 달래기에 나선 것이다. 대선 투표일을 며칠 남긴 12월 10일, 이 후보는 대한노인회가 주관한 후보 토론회에서 "어르신들에게 버스비를 주다가 안 주는 것은 잘못이며, 오히려 다른 것도 드려야 한다"며 "예산을 절감하면 (교통수당) 1만 5천~2만 원은 부담이 안 되며 기초노령연금도 20만 원까지 드릴 수 있다"고 약속했다. 이는 대선 후보 경선에서 탈락한 박근혜 후보가 임기 5년 안에 기초연금을 20만 원까지 올리겠다는 공약을 수용한 것이었다. 이듬해에 8만여 원을 받을 것으로 예상하고 있던 노인들로서는 곧 연금액이 2배 이상 올라갈 것으로 기대할 만했다.

그러나 이 공약은 대통령 당선과 함께 사라졌다. 대통령인수위원회는 재원 조달을 이유로 인상안을 폐기해 버렸다. 노인들 앞에 서서 '어르신'을 연발하며 약속한 공약이 불과 석 달 만에 없던 일로 되었다. 기초노령연금 말 뒤집기는 여기서 그치지 않는다. 이명박 정부는 대선 공약을 버렸을 뿐만 아니라, 급여율 상향 작업을 명시한 기초노령연금법마저 무시하고 있다.

2007년 7월 사립학교법과 연금법 빅딜로 다시 돌아가자. 당시 개정된 연금법의 핵심 내용은 국민연금 급여율을 향후 20년 동안 60%에서 40%로 낮추고 대신 이 축소분을 보전하는 의미에서 기초노령연금을 같은 기간에 5%에서 10%로 인상하는 것이다. 그런데 두 연금의 인하와 인상 방식이 다르게 결정되었다. 국민연금 급여율은 2007년까지 60%였던 급여율이 이듬해인 2008년에 50%로 낮아진다. 이어 2009년부터 매년 0.5%포인트씩 인하되어 2018년에 45%가 되고 2028년에는 40%에 도달한다. 인하 방식이 법에 명시된 것이다.

반면 기초노령연금의 경우 2028년까지 단계적으로 10%로 인상한다는 총론만 명시되고, 구체적 상향 시기와 방법은 2008년 1월부터 국회에 설치되는 연금개선위원회에서 정하기로 했다(기초노령연금법 부칙 제4조의 2). 국민연금 인하는 '현금' 처럼 바로 이루어진 반면 기초노령연금 인상은 '어음' 으로 처리된 셈이다.

그러나 만 5년이 다 되어 가는 현재 2012년 10월까지 기초노령연금은 여전히 급여율 5%에 머물러 있다. 2008년 국회에 설치되었어야 할 연금개선위원회는 방치되었다. 기초노령연금 인상을 위해 조속히 위원회를 운영하자는 야권의 요구에도 한나라당은 종합적인 연금 개혁안을 마련하기 위한 사회적 논의가 필요하다며 위원회 설립에 응하지 않았다.

이에 국회의 수장인 국회의장이 시민사회, 노인 단체로부터 강력한 항의를 받았고, 2011년에야 겨우 국회 보건복지위원회 산하에 연금제도개선특별위원회가 설치되었다. 하지만 아무런 결과도 없었다. 법에 명시된 위원회 설치가 늦어졌을 뿐만 아니라 기초노령연금 인상 방안을 두고 한나라당의 지연 전술로 결론 없이 18대 국회 종료와 함께 연금특별위원회도 사라졌다. 그동안 국민연금 급여율은 2008년 60%에서 50%로 인하되었고, 2009년부터 매년 0.5%씩 낮아져 2012년 현재 48.0%로 내려와 있다. 국민연금 인하와 보조를 맞추었다면 기초노령연금은 매년 0.25%씩 올라야 하므로 2012년 급여율이 6%가 되었어야 했는데 말이다.

기초노령연금, 이제 아무도 믿지 않는다

19대 국회 들어 다시 연금제도개선특별위원회가 만들어질 모양이다. 국민연금법에 정해진 의무를 수행하기 위한 의무적 조치이다. 민주통합당을 중심으로 야당들은 국회 개원과 함께 기초노령연금 인상을 담은 법 개정안을 제출했다. 근래 보편 복지 요구가 커진 것을 반영해, 기초노령연금 급여율 10% 도달 연도를 2028년에서 2017년으로 약 10년 앞당기는 것이 주요 골자이다. 2013년부터 매년 1%씩 인상해 다음 대통령 임기 5년째인 2017년에 10%에 도달하겠다는 제안이다.

과연 야당들의 주장대로 기초노령연금 인상이 실현될 수 있을까? 재정 마련이 관건이다. 앞에서 지적했듯이 야당들의 복지 재정 방안이 명확치 않다. 심지어 2012년 총선에서 민주통합당은 기초노령연금 2배 인상을 공약으로 내걸면서도 이에 필요한 재정 소요액은 거의 절반으로 과소 추계하는 일을 서슴지 않았다.

새누리당은 2012년 총선 공약에서 기초노령연금 인상 내용을 포함하지 않았다. 선거 때마다 기초노령연금의 대폭 인상을 약속해 왔던 관행을 생각하면 매우 이례적인 변화이다. 야권의 보편 복지 요구를 복지 포퓰리즘으로 몰아세우기 위해 자신의 공약을 현실적으로 슬림화했다고 판단된다. 과연 대선에서 박근혜 후보가 기초노령연금 인상안을 공약에 다시 포함시킬까? 그렇다 해도 만약 대통령에 당선되면 그 공약을 약속대로 실현할까? 지난 8년 모진 수난을 당한 대한민국 기초노령연금은 지금 아무도 믿지 않을 듯하다.

16

예산보다 더 큰 국민연금기금,
누가 운용할 것인가?

이제 국민연금기금 영역으로 넘어가자. 기금에서 항상 뜨거운 쟁점으로 등장하는 주제가 '누가 기금 운용 의사 결정권을 가질 것인가', 즉 지배구조 문제이다. 현재 기금 운용권은 국민연금기금운용위원회(이하 기금운용위원회)에 있다. 위원회 구성을 보면 가입자 단체 위원이 과반수를 차지해, 전체 20명 중 12명이 가입자 대표이다. 국민연금기금이 보험료를 낸 가입자의 노후 예탁금임을 감안한 참여형 지배구조이다. 형식 체계만 보면 가입자들이 주인인 셈이다.

현행 국민연금기금 운용 지배구조의 문제점

그런데 이 주장에 동의하는 사람은 거의 없을 듯하다. 심지어 가입자인 자신들의 대표가 과반수로 참가하고 있는 기금운용위원회 존재조차 모르는 사람들이 많을 것이다. 실제 기금운용위원회에 가입자 대표로 참여하는 조직들도 자신들은 사실상 들러리에 불과하다고 평가한다. 가입자 과반수 지배는 형식에 불과하고 실제는 보건복지부가 의사 결정을 좌지우지하고 있다는 이야기이다.

왜 이러한 문제가 제기되고 있을까? 기금운용위원회의 실상을 살펴보자. 첫째, 가입자의 실질적 대표성이 훼손되어 있다. 현행 기금 운용 체계에서 가입자를 대표하는 위원들이 과반수를 점하고 있는 건 사실이다. 전체 20명 중 직장 가입자, 지역 가입자 대표가 각각 6명씩 참여하고 있기 때문이다.

〈표 19〉 현행 국민연금기금운용위원회 구성(20인)

소속	단체
정부(6인)	보건복지가족부, 기획재정부, 지식경제부, 노동부, 농림수산부, 국민연금공단
국책연구기관(2인)	한국개발원, 보건사회연구원
지역 가입자(6인)	수협중앙회, 농협중앙회, 전국음식업중앙회, 소비자단체협의회, 한반도선진화재단, 공인회계사회
직장 가입자(6인)	민주노총, 한국노총, 전국금융노련, 전경련, 경총, 중기협

그런데 대표성이 문제다. 우선 지역 가입자 위원의 경우 이들이 실질적으로 가입자를 대표하고 있는지 의문이 든다. 농촌과 어촌 지역 가입자 위원은 금융 기관인 농업협동중앙회와 수산업협동중앙회가 각각 추천한다. 도시 지역 가입자 대표로 특수 전문가 집단인 공인회계사협회가 맡고 있고, 또 하나의 도시 지역 가입자 대표인 전국음식업중앙회도 업무 성격상 정부 (보건복지부)를 상대로 독립적인 목소리를 내기 어려운 위치에 있다. 그나마 지역 가입자 대표로서 역할을 해 왔던 조직이 참여연대였는데, 이명박 정부

에서 국민연금 활동과 무관한 한반도선진화재단으로 교체되어 위원 자격을 박탈당했다.

직장 가입자 대표도 문제가 있다. 노사가 각각 3인씩 참여하고 있는데, 사용자 대표로 전경련, 경총, 중기협이 위원을 추천한다. 국민연금 보험료의 절반을 책임지고 있다는 게 그 이유이다. 물론 이들이 보험료를 부담하지만 미래 연금 수급자는 아니라는 점에서 가입자와 동일한 의결권을 갖는 건 적절치 않아 보인다.

결국 현행 기금 운용 체계에서 가입자들은 '형식적 과반수'를 유지하고 있을 뿐이다. 이는 모양새는 과반수이지만 가입자의 이해를 제대로 반영할 수 없다는 점에서 문제가 있다. 국민연금 가입자를 대변하는 실질적인 대표자가 과반수를 차지할 수 있도록 기금운용위원회 구성이 개혁되어야 한다.

둘째, 위원회가 비상설 회의체여서 운영이 형식적 수준에 그치고 있다. 공식적 권한은 있지만 회의 체계가 부실하여 실제 보건복지부나 국민연금공단의 행위를 정당화하는 기구에 불과하다는 비판이 제기되는 이유이다. 현재 기금운용위원회 정례 회의는 분기별로 열린다. 그마저도 2시간 남짓 소요되는 회의이다. 이러한 운영 방식으로는 내실 있는 심의가 어렵고 기금 운용 전반에 대한 실질적인 파악이나 감독도 쉽지 않다. 이를 보완하기 위해 전문위원회 격인 국민연금기금실무평가위원회가 있으나 이것 역시 기본적으로 분기별 회의체여서 구조적인 한계를 지니고 있다.

이러한 기금 운용 체계의 비상설화, 형식화로 인해 기금운용위원회 위원장과 실무를 총괄하는 보건복지부가 의사 결정에서 막강한 영향력을 행사하고 있다. 가입자 대표가 과반수로 참여하고 있지만 구조적으로 간사를 맡고 있는 정부의 의도에 따라 회의가 좌지우지되고 있는 것이다.

셋째, 가입자 위원의 역할 준비 소홀도 지적받아야 한다. 가입자 대표들이 기금운용위원회에 참여하고 있지만 실제 회의에서 적극적으로 의견을 표명하는 위원이 많지 않다. 대부분이 가입자 단체 조직의 임원으로서 기금 운용위원 역할이 자신이 맡고 있는 여러 사회적 직책 중 하나에 불과하다. 기금운용위원이라는 막중한 지위에 비한다면 이를 담당하는 위원의 역할 준비는 턱없이 부족하다. 정부가 기금 운용 체계 개정안에서 가입자 대표를 배제하려는 중요한 이유가 이들의 전문성 부족이라는 점을 감안하면, 가입자 단체들이 뼈아프게 생각해야 할 문제이다.

이명박 정부의 국민연금기금 지배구조 개악안

이명박 정부가 국민연금기금의 의사 결정 체계를 근본적으로 고치겠다고 나섰다. 이명박 정부는 2008년 국민연금법 개정안을 국회에 제출했는데, 주요 내용은 다음과 같다. 위원회 구성을 현재 20인에서 금융 투자 전문가 7인으로 줄이면서 가입자 대표의 의석을 없앤다. 또한 현재 국민연금공단 내부 부서인 '기금운용본부'를 따로 떼내 국민연금기금운용공사를 설립한다. 거대 기금이 전문 기관에서 운용되어야 한다는 게 공사 설립의 근거이다. 기금운용위원회를 민간 조직으로 개편하여 '정치적 독립성'을 강화하고, 금융 투자 전문가에게 의사 결정권을 넘겨 '전문성'을 확보하겠다는 것이 공식 이유이다.

이명박 정부는 현행 기금 운용 체계로는 독립성과 전문성이 부족하여 수익성을 제고하는 데에 한계가 있다고 주장한다. 이에 미래 연금 재정 확보를 위하여 '수익성' 제고를 기금 운용 전략으로 제시하면서, 가입자 단체에 부족한 '전문성'을 확보하기 위하여 자산 운용 전문가에게 기금 운용 권한을 이양하고자 한다. 결국 개정안의 핵심은 기금 운용 체계에서 가입자 대표를 배제하는 '연금주권' 박탈로 요약된다.

다행히 이 개정안은 18대 국회에서 논란을 거듭하다 자동 폐기되었다. 하지만 19대 국회에서도 유사한 방향에서 개정이 다시 추진될 가능성이 존재한다. 특히 2013년에는 국민연금 3차 재정 추계 작업의 일환으로 기금 운용 전략에 대한 보고서도 처음 제출될 예정이다. 국민연금 제도 개선과 더불어 기금 운용 체계 개편이 다시 뜨거운 주제가 될 것으로 보인다.

국민연금기금 가입자, 이제는 주인으로 나서야

이명박 정부는 기금 운용 체계의 독립화와 전문화를 주창한다. 하지만 이때 독립화란 사실상 가입자로부터의 독립이며, 전문화란 이를 빌미로 한 가입자 단체의 배제를 의미한다. 이는 지금까지 우리나라 국민연금기금 운용에서 존중되어 온 가입자 중심의 원칙을 허무는 일이다. 대부분의 해외 공적 연기금 지배구조 역시 가입자의 권리를 존중하여 가입자 참여 모델을 채택하고 있다. 그러면 앞으로 어떻게 가야 할까?

첫째, 기금운용위원회에서 가입자 대표의 과반수 참여는 훼손될 수 없는 원칙이다. 이는 국민연금에 대한 사회적 불신이 강한 우리나라에선 더욱 존

중돼야 한다. 지금 필요한 것은 정부뿐만 아니라 새로운 위협 세력으로 등
장한 시장(금융자본)으로부터 국민연금기금의 독립성을 확보하는 일이다. 이
를 위해서는 지나치게 강조되는 '전문가주의'를 경계해야 한다. 기금 운용
권 행사에서 필요한 전문성이 수년의 실물경험을 요구하는 것은 아니다. 기
금 운용 위원은 전략적 의사 결정 단위로서 전체 기금 운용을 이해하고 평
가할 수 있는 정치경제적 식견을 가지는 것으로 충분하다. 이들은 거대 강
제 연기금의 운용 과정에서 발생할 수 있는 정치사회적 리스크를 조정하고,
가입자들의 동의를 이끌어 낼 수 있는 주체이기도 하다. 그만큼 가입자 대
표의 참여가 필수적이다.

둘째, 가입자의 대표성을 실질적으로 반영하도록 기금 운용 위원 추천 단
체가 개선돼야 한다. 예를 들어, 농어민 가입자 위원의 추천권을 금융 기관
인 농협과 수협이 아니라 농어민을 대표하는 대중 조직이 가져야 한다. 도
시 지역 가입자 대표의 경우도 현재는 독립성과 대표성이 문제가 되므로 당
분간 시민단체가 그 역할을 담당하는 방안도 검토 가능하다.

셋째, 가입자 위원의 전문성 제고가 필요하다. 가입자 단체들은 기금운용
위원회만 전담하는 전문직 임원을 기금 운용 위원으로 추천해야 한다. 또한
가입자 위원 및 관련 단체 실무 간부의 기금 관련 역량을 제고하기 위한 훈
련 프로그램이 요청된다. 필요하다면 기금운용위원회의 예산을 활용할 수
도 있다. 결국 국민연금기금의 안정성과 공공성을 지키는 일이기 때문이다.

넷째, 기금운용위원회 상설화가 필요하다. 기금운용위원회가 명실상부
한 최고 의사 결정 기구로 기능하기 위해서는 현재의 회의체 한계를 극복해

야 한다. 기금운용위원회를 상설 조직으로 전환하여 기금 운용 지배구조를 안정화하고 산하에 기금투자정책국, 준법감시국, 성과분석국 등의 사무국을 두어 실제 기금 운용을 감독할 수 있어야 한다.

마지막으로, 현재 기금 운용 실무조직인 국민연금공단 내부 기금운용본부는 따로 기금공사로 분리하기보다는 지금처럼 국민연금공단 안에 두는 것이 적절하다. 기금공사의 설립은 현재의 조건에서(가입자 측 기금 운용 인적 자원이 취약한 상황) 가입자 위원들이 통제하기 어려운 공룡 조직으로 발전할 수 있기 때문이다. 이에 국민연금공단 업무를 기금과 제도로 양분하고, 각각 부이사장을 두는 방안을 검토하자. 당분간은 국민연금의 제도와 기금이 하나의 조직에서 통합 관리되는 것이 바람직하다.

17

국민연금기금, 사회적 투자에 나서라!

국민연금기금이 안고 있는 또 하나의 주제는 '어디에 투자할 것인가' 이다. 앞장에서 기금 운용 주체를 중요하게 다룬 이유도 결국 이들의 역할이 거대한 국민연금기금을 운용하는 일이기 때문이다. 지금 국민연금기금은 어디에 투자되고 있는가? 지금처럼 가도 괜찮을까? 국민연금의 주인인 가입자와 함께하는 기금운용전략은 무엇일까?

기금 소진은 시뮬레이션 가정, 거대 기금 운용이 현실 문제

지금까지 국민연금기금의 장래 추이와 관련하여 국민들이 관심을 가진 주제는 '기금 고갈' 문제였다. 그런데 기금 고갈론은 분석 시뮬레이션에서만 존재하는 가상의 논리일 뿐이라는 점을 주목할 필요가 있다. 국민연금 제도를 둘러싼 사회경제적 환경과 급여율, 보험료율이 지금과 동일하게 유지된다고 가정할 때 보험수리적으로 도출되는 앞으로 50년 이후의 그림일 뿐이다.

2008년 국민연금재정추계위원회가 발표한 자료에 의하면, 국민연금기금 은 계속 성장해 2043년에는 2,465조 원에 이를 것으로 추정된다(2005년 불변 가격 1,056조 원). GDP 대비 최대가 되는 시점인 2035년에는 규모가 GDP의 52%에 달하였다가, 이후 지출이 증가하여 2060년에 소진될 것으로 예상되고 있다.

그래서 국민연금법은 5년마다 국민연금기금의 장래 재정을 추계하고, 장 기적인 재정 안정화를 위한 제도 조정을 요구하고 있다. 이에 2003년에 첫 추계 작업이 이루어졌고 그 결과를 둘러싼 사회적 공방을 거쳐 2007년에 국 민연금법이 개정되었다. 그 결과 기금 고갈 연도가 2047년에서 2060년으로 미루어졌다. 이와 같이 국민연금에서는 5년마다 향후 기금 고갈 연도를 계 속 순연시키는 방식으로 제도 개선이 이루어질 가능성이 높다. 2013년은 국민연금법에서 정하고 있는 3차 추계연도로 현재 관련 작업이 진행되고 있다.

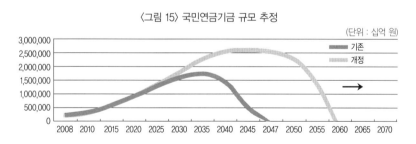

〈그림 15〉 국민연금기금 규모 추정

따라서 〈그림 15〉에서 보듯이, 국민연금기금의 재정 곡선은 계속 우향 이 동할 개연성이 높다. 재정 추계 분석에서 고갈 시점이 도출되면, 이를 뒤로 미루기 위해 5년마다 재정 안정화 방안이 추진되기 때문이다. 오히려 '이론적으로는' 계속 기금을 유지하는 방식으로 국민연금제도를 조정할 수 있으므로 재정 고갈 사태는 영원히 오지 않는다는 주장도 가능하다.

이러한 면에서 우리에게 실제 밀어닥친 과제는 미래 기금 고갈보다는 '기금의 거대화'이다. 국민연금기금은 종종 '연못 속의 고래'로 불리는데, 고래는 자신의 생존을 찾아 기존 채권 중심 투자에서 주식 투자와 대체 투자로, 그리고 국내 시장에서 해외 시장으로 향하고 있다.

〈그림 16〉에서 보듯이 2012년 말 기준 국민연금기금은 387조에 이를 것으로 전망된다. 국민연금기금의 천문학적인 규모 때문에 국민연금기금의 일거수일투족에 여론의 관심이 쏠리고 있는데, 특히 주목해야 할 지점은 해외 투자, 대체 투자 비중이 빠른 속도로 늘어나고 있다는 점이다. 이미 해외 채권과 해외 주식을 합쳐 47.2조 원, 가장 리스크가 큰 대체 투자에 35.6조 원이 투자되어 있고, 이 규모는 앞으로 더욱 커질 예정이다.

〈그림 16〉 2012년 기준 국민연금기금 운용 현황

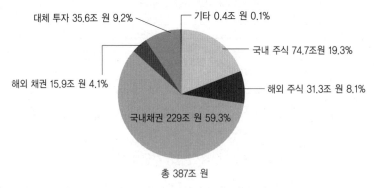

대체 투자 35.6조 원 9.2%

기타 0.4조 원 0.1%

국내 주식 74.7조원 19.3%

해외 채권 15.9조 원 4.1%

해외 주식 31.3조 원 8.1%

국내채권 229조 원 59.3%

총 387조 원

출처 : 국민연금기금운용위원회, "2013년도 국민연금기금운용계획(안)" (2012. 6.)

초기 국민연금기금은 규모가 그리 크지 않아 국내 채권, 국내 주식 중심으로 운영되는 것으로 충분했다. 그러나 이제는 상황이 다르다. 2012년 기준 국민연금기금의 국내 주식 시장 점유율이 6%대, 국내 채권 시장 점유율이 16%대에 이르렀다. 사실상 이 자산군에서 투자를 더 확대하기 어려운 처지에 있고, 그 결과 해외 주식, 해외 채권, 대체 투자 등 리스크가 큰 자산군으로 국민연금기금이 나아가고 있다.

국내 대기업 1대, 2대 주주로 오른 국민연금기금

지금도 국민연금기금의 운용에 많은 사람이 관심을 가지고 있다. 자산 운용 시장에 있는 사람이라면 국민연금기금의 운용을 위탁받고 싶어 하고, 기업들은 국민연금기금이 자사의 주식을 사 주길 바라며, 정부는 금융 시장이 어려울 때마다 국민연금기금이 흑기사 역할을 해 주길 기대할 것이다.

한편 진보 진영에서는 국민연금기금이 재벌 개혁의 중요한 수단으로 논의되기 시작했다. 기업에 막강한 영향력을 미칠 만큼 지분을 가지고 있는 국민연금기금이 주주로서 권한을 행사한다면 재벌 지배구조 민주화에 큰 역할을 할 수 있으리라는 기대 때문이다. 물론 이때의 주주권은 주주자본주의 원리가 아니라 공공성을 중시하는 사회적 주주권이다.

2012년 4월 현재 국민연금기금은 국내 주식에 67조 원, 시가 총액 대비 5.92%를 보유하고 있다. 〈그림 17〉에서 보듯이, 2002년 2.11%에 불과했으나 10년 만에 6%에 육박하는 대규모 기관 투자자로 자리 잡았다. 2012년 6월 기

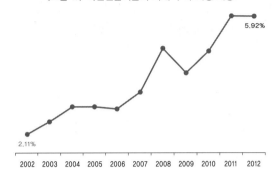

〈그림 17〉 국민연금기금의 국내 주식 시장 비중

5.92%

2.11%

2002 2003 2004 2005 2006 2007 2008 2009 2010 2011 2012

출처 : 국민연금기금실무평가위원회 자료, 「국민연금의 국내 주식 투자 현황」(2012. 9.)

〈표 20〉 국민연금기금이 2~3대 주주인 기업 현황

	해당 기업	계
1대 주주	하나금융지주(9.48%), 제일모직(8.58%), KB금융지주(7.91%) 신한금융지주(7.23%), KT(6.65%), 포스코(5.94%)	6개
2대 주주	삼성전자, 현대자동차, LG화학 등	114개
3대 주주	현대모비스, 에스원 등	46개

출처 : 보건복지부, "2012년도 제3차 국민연금기금 의결권행사전문위원회 회의결과"(2012. 9.) 1대 주주는
2012년 6월 기준. 2, 3대 주주는 2011년 12월 기준.

준 국민연금기금이 보유한 지분이 5%를 넘는 기업의 수도 182개에 달한다.

그 결과 웬만한 국내 우량 기업에서는 국민연금기금이 1, 2대 주주 명단

자리를 차지하고 있다. 〈표 20〉에서 확인되듯이, 하나금융지주, 제일모직,

KB금융지주, 신한금융지주, KT, 포스코 등 6개 회사에서는 이미 1대 주주

이고, 삼성전자, 현대자동차, LG화학 등 114개 기업에서는 2대 주주이다.

가입자들이 마음만 먹으면 국민연금기금이 한국 경제의 민주적 개혁에 중

요한 역할도 담당할 수 있다는 이야기이다.

국민연금기금의 사회적 투자와 사회책임투자

이러한 상황에서 국민연금기금의 대안으로 도모할 수 있는 운용 전략은 무엇일까? 거대 기금의 운용 과제를 한꺼번에 해결할 수 있는 답을 찾기는 어려운 게 현실이다. 그래도 가능한 한 국민연금기금이 공적 연금의 신뢰를 쌓는 방향에서, 그리고 국민연금기금이 국민 경제의 공적 발전을 도모하는 방향에서 운용되어야 한다. 이에 나는 국민연금기금 운용 전략의 기본 방향을 지금까지의 수익 극대화 운용에서 사회적 투자로 전환할 것을 제안한다.

사회적 투자는 기존의 수익성 중심의 재무적 투자와 달리 사회적 가치를 존중하는 기금 운용 전략이다. 〈그림 18〉에서 보듯이, 내가 제시하는 사회적 투자는 종래 사회책임투자뿐만 아니라 국민연금기금이 시설을 소유하고 운영을 책임지는 사회서비스 직접 투자를 포괄하는 개념이다.

우선 국민연금기금이 주식 투자에서 사회책임투자 원칙을 명확히 해야 한다. 사회책임투자는 연기금의 안정성을 유지하면서 사회적 역할을 다하려는 투자 전략이다. 보통 기업의 재무적 측면만을 중시하는 일반 주식 투

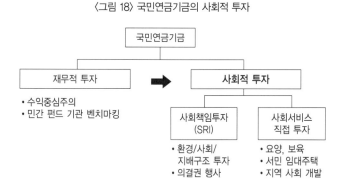

〈그림 18〉 국민연금기금의 사회적 투자

자와 달리 환경, 사회, 지배구조ESG : Environmental, Social and Governance 등 사회적 책임을 기업 평가의 주요 기준으로 삼는다. 아직까지 국내에선 활성화되어 있지 않지만 사회책임투자는 해외에선 자산 운용의 주요 흐름으로 자리 잡고 있다.

국민연금기금도 2006년부터 사회책임투자를 시작했다. 국민연금기금이 공적 연기금으로서 새로이 부상하는 사회책임투자 흐름을 마냥 거부할 수 없었기 때문이다. 이어 2009년에는 국민연금기금이 UN 책임투자원칙UN PRI : Principles for Responsible Investment에도 가입했다. UN PRI 는 전통적으로 중요시되던 재무적 측면뿐만 아니라 비재무적 요소를 고려해 투자하라는 국제권고 규범이다. 국민연금기금의 UN PRI 참여는 금융위기 시기에 국제적으로 부상하는 새로운 대안 투자 흐름을 수용하고 국내에서 진행된 사회책임투자 운동의 성과가 반영된 것이다. 2009년 12월에는 국민연금기금 의 결권 행사 지침에도 사회책임투자 원칙이 명시되었다.

그러나 아직까지 국민연금기금의 사회책임투자는 체면치레 수준에서 그치고 있다. 우선 사회책임투자가 국민연금기금 전체 운용을 관통하는 원리가 아니라 주식 투자 중 일부, 그것도 국내 주식 위탁 투자 중 하나의 유형에만 적용되고 있다. 그 결과 2012년 3월 현재 국민연금기금의 사회책임투자 몫은 4조 1천억 원으로 전체 기금의 약 1%에 불과하다.[10]

---

10) 보통 사회책임투자는 사회적 성격을 강조하기에 수익성이 낮을 것으로 우려되었으나 실제 운용 결과를 보면 수익성이 일반 주식 투자에 비해 낮지 않았다. 이것을 근거로 사회책임투자가 지속가능성과 수익성을 동시에 확보할 수 있는 투자라는 주장이 제기된다. 실제 국민연금기금의 경우에도 2012년 현재 사회책임투자의 누적 연평균 수익률이 10.1%로서 기준 수익률(KOSPI) 대비 4.4%포인트를 초과하고 있다.

이에 사회책임투자 원리를 국민연금기금 주식 투자 전체에 적용해 나가야 한다. 주식 투자는 기업의 지분을 보유하는 일이다. 따라서 기업 지분을 매입할 때, 기업의 환경, 사회, 지배구조의 책임성을 평가하는 것은 가능하며 중요한 일이다. 모든 보유 주식 지분에 대한 사회책임 평가 보고서를 작성하고 이에 조응해 기금이 운용되고 있는지 점검해야 한다.

또한 국민연금기금은 자신이 보유한 지분만큼 적극적으로 의결권을 행사해야 한다. 우리나라는 순환 출자 제도를 악용해 소수 총수 일가가 전근대적이고 비민주적인 기업 지배구조를 장악하고 있다. 이에 국민연금기금이 자신의 지분권을 토대로 대기업 의사 결정 구조를 민주화하고 기업 경영을 사회적 책임을 다하는 방식으로 유도해 나가야 한다.

국민연금기금, 사회적 직접 투자에도 나서라

일반적으로 사회책임투자는 주식 지분 소유를 통한 투자를 말한다. 하지만 국민연금기금이 운용 과정에서 도모할 수 있는 사회적 가치는 단순히 주식 소유 방식으로 한정될 필요가 없다. 전통적인 주식 지분을 활용하는 사회책임투자를 넘어 '사회서비스 직접 투자'로 나아가야 한다. 특히 우리나라처럼 사회서비스 시설이 부족한 곳에서 연기금의 역할이 중요하다. 실버타운, 서민 임대주택, 지역 문화·교육·체육 시설, 생태 환경 인프라, 도시 경전철 사업 등 영역은 다양하다.

지금은 위와 같은 사회기반시설이 주로 민간 자본에 의존하고 있다. 원칙적으로 국가 재정이 담당해야 하는 사업이지만 국가 재정의 취약성을 이유로 민간 자본이 건설이나 운영의 주체로 나서고 있다. 이러한 민간투자사업은 국가 재정과 달리 민간 투자자에게 수익을 보장해 주어야 하기에 미래 재정을 악화시키는 사업이라는 비판이 거세다. 서울지하철 9호선, 인천공항고속도로 등이 대표적 사례이다.

이제는 국민연금기금이 공공적 방향에서 운용되어야 한다. 사회기반시설 사업은 정부가 기본적으로 일정한 수익을 보장해 주므로 국민연금기금으로서는 공공성, 안정성, 적정 수익성을 동시에 달성할 수 있는 사업이다. 국민연금기금이 국가와 계약을 맺어 사회기반시설을 제공하고 이에 따른 적정 운용 수익을 보상받도록 할 수 있다. 또한 사회기반시설을 선정, 건설, 관리하는 과정에 지역 사회, 연금 가입자, 연금공단 등이 참여할 경우 민주적 공공 부문 모델도 될 수 있다. 예를 들어, '사회기반시설에대한연기금투자법'(가칭)을 제정한다면 공공 부문 투자의 법적 근거를 확립하고 민주적 지배구조의 토대를 마련할 수도 있다.

국민연금의 지속가능성, 책임 있는 연금주체 형성에 달려 있다

미래 복지국가를 이야기할 때마다 등장하는 과제가 국민연금의 지속가능성이다. 다른 선진국도 그러하듯이, 점차 초고령 사회로 진입함에 따라 국민연금에 필요한 재정 규모가 천문학적으로 늘어나고 있다. 국민연금기금이 언젠가는 소진된다는 기금 고갈론도 여전히 위력을 발휘하고 있다.

존재하는 문제는 그대로 인정하자. 국민연금기금의 미래 재정 불안정은 가입자가 내는 보험료와 받는 연금 급여의 불균형이 존재하는 상황에서는 피할 수 없는 질문이다. 이를 해결하기 위해선 연금 제도에 대한 사회적 신뢰를 만들고 이를 바탕으로 국민연금 보험료 상향을 논의해야 한다. 근본적으로는 자신이 원하는 경우에는 더 일할 수 있는 노인친화적 노동시장이 구축되어야 한다. 고령화와 국민연금의 재정 과제는 인구학적 문제라기보다는 우리가 개척해야 할 사회경제적 의제이다.

국민연금기금 의사 결정과 운용 전략에서도 주인인 가입자가 나서야 한다. 기금 고갈론에 따른 불안, 기금 운용에 대한 불신은 가입자 스스로 책임을 지고 논의할 때에만 해법이 나온다. 그만큼 사회적 논의와 합의가 필요한 사안이기에 책임 있는 연금 주체가 형성돼야 이것도 가능한 일이다. 국민연금기금 지배구조를 개혁해 지금의 형식적 들러리에서 벗어나 나의 노후 예탁금의 운용을 스스로 결정하는 주체로 서야 한다. 그래야 초고령 사회의 노후 복지를 위협하는 국민연금 제도가 노후의 안전망으로 제자리를 잡을 수 있다.

누가 대한민국 복지국가를 만들 것인가

누가 대한민국 복지국가를 만들 것인가

지금까지 대한민국의 미래 비전으로서 복지국가를 이야기했다. 우리 아이들에게 행복을 선사하는 '잠정적 유토피아'로서 말이다. 이곳을 향해 가는 길에 넘어야 할 산이 많다. 우선 복지 재정 마련을 위한 증세 정치가 필요하다. 이는 대한민국 재정 지출 구조와 과세 인프라의 대대적인 혁신운동이기도 하다. 초고령 사회에서 막대한 재정이 소요되는 의료와 연금 복지에서는 지속가능성이 관건이다. 단기적으로는 국민건강보험은 보장성 확대, 국민연금은 사각지대 해소라는 과제를 안고 있다. 그런데 이 모든 숙제를 푸는 건 결국 사람이다. 이제 대한민국 복지국가를 건설하기 위한 복지주체를 이야기해야 한다. 보편 복지를 바라는 시민들을 굳건한 복지주체 세력으로 나서게 하는 '복지 정치'가 절실하다. 이를 위한 구체적인 실천 프로그램을 준비해야 한다.

안타깝게도 대한민국에서 아직까지 복지 정책 논의는 있을지언정 복지 정치가 제대로 펼쳐진 적은 없다. 복지 민심과 이를 구현할 복지 정치 사이

거리가 멀다. 서구와 비교해 복지국가를 건설한 전통적인 주체도 취약하다. 노동운동도 진보정당도 시민들에게 신뢰를 가진 복지국가 주체로 인정되지 못하고 있는 게 현실이다.

이제부터 진짜 시작이다. 2008년 촛불, 2010년 무상급식 논란에서 확인된 민심의 에너지가 있지 않은가? 서구형 복지국가 형성 모델에 연연할 필요가 없다. 우리 조건에서 대한민국 복지국가 꿈을 그리자. 이를 위한 복지 정치, '한국형' 복지주체 형성을 이야기하자.

18

'복지 정책'을 넘어 '복지 정치'로

2011년 봄 국회예산처 주관으로 '복지 예산 문제, 어떻게 할 것인가?' 제목의 토론회가 열렸다. 국회의원, 교수, 사회단체 대표들이 라운드 테이블에 앉았다. 토론 중간에 사회자가 각 패널에게 '자신이 의사결정자라면 현재의 예산을 어느 복지에 사용할지, 복지 예산 배정의 우선순위'를 물었다. 사전에 예고된 질문 같지 않았다. 한국보건사회연구원에서 나온 연구위원은 기초생활보장 빈곤 계층의 심각성을 이야기하고, 여성 국회의원은 보육시설 환경이 얼마나 열악한지를 토로했다. 청중석에 있던 어르신은 발언권을 얻어 노인 복지를 늘려야 한다고 간청했다. 모두 자신이 다루는 주제나 집단의 특성을 강조했다.

청중석에서 토론을 지켜보며 자문해 보았다. '내가 이 질문을 받는다면?' 금세 답변이 떠오르지 않았다. 복지 분야 곳곳이 나름의 절박한 사연을 가지고 있다. 도대체 어디부터 예산을 배정하지?

이때 갑자기 패널로 참석한 한나라당 국회의원이 보편 복지 담론을 공격했다. "지금 이야기들을 잘 들으셨죠? 이렇게 당장 생활이 곤란해 복지가 필요한 사람이 많은데, 모두에게 혜택을 주자는 보편 복지? 동의할 수 없습니다. 그렇게 사용할 돈이 어디에 있습니까?" 지금 우리나라가 모든 계층에게 무상급식을 제공할 만큼 여유롭지 않다는 비판이다.

일리가 있는 이야기이다. 우리나라 예산에 한계가 있으므로, 복지 지출의 우선순위를 지혜롭게 정하는 일은 중요하다. 복지 지출 확대도 저소득 계층부터 추진하는 게 정의론에도 부합될 듯하다. 그러면 예산이 부족한 대한민국 현실에서 보편 복지를 주장하는 건 부적절한 일인가?

여기에 중요한 논점이 놓여 있다. 복지 정책과 복지 정치 사이의 긴장이다. 어느 게 반드시 옳고 그른 사안이 아니다. 제한된 예산의 현실을 직시하는 건 필요한 일이다. 하지만 복지 예산의 제약이 있음에도 보편 복지 방식의 무상급식, 무상보육이 더 지혜로운 길일 수도 있다. 지난 2년 대한민국이 걸었던 길이 그렇다.

'암부터 무상의료'와 '전면적 무상급식' 논쟁

2005년에 '암부터 무상의료'라는 구호가 주목을 끈 적이 있다. 당시 국민건강보험 재정이 흑자로 돌아서면서 추가로 급여 확대에 사용할 수 있는 1조 3천억 원이 생겼다. 흔치 않은 행복한 논란이 시작되었다. 이 돈을 어디에 쓸 것인가?

2005년은 민주노동당이 '부유세, 무상의료' 공약에 힘입어 10명의 국회 의원을 배출한 이듬해이다. 보건의료 부문 노동조합과 사회단체들이 재정 흑자분 사용 기준으로 '암부터 무상의료'를 주창했다. 많은 사람이 관심을 가지고 있는 '암'부터 획기적으로 보장성을 확대하고, 이후 다른 질병으로 급여를 넓혀 우리나라에서도 무상의료가 가능하다는 것을 보여 주자는 제안이다. 이 주장이 알려지자 언론과 정치권도 귀를 기울였다.

그런데 무상의료 추진 세력 내부에서 다른 목소리가 나오기 시작했다. 우선 질환별 형평성이 도마에 올랐다. '다른 중증 질환도 있는데 왜 암부터냐?' 더 강력한 비판은 '질환별' 무상의료 대신 '저소득층'부터 무상의료를 추진해야 한다는 진보정당의 주장이었다. 원내 진출 이후 영향력이 커진 민주노동당은 당시 '1단계 하위 10%, 2단계 하위 30%, 3단계 모든 계층'이라는 무상의료 3단계 로드맵을 가지고 있었다. 이 로드맵에 따르면 추가 재원은 저소득 계층에 집중돼야 했다.

여러 논란을 거치면서 결국 '암부터 무상의료'는 뜻한 만큼 꽃을 피우지는 못했다. 일부 암 관련 보장성이 높아졌지만 '암'을 지렛대로 다른 질환으로 무상의료를 넓혀 간다는 시민단체들의 애초 계획은 이루어지지 못했다. 국민건강보험 보장성도 큰 변화를 만들어 내지 못해 현재까지 60% 선에서 머물러 있다. 여전히 시민들은 병원비 불안에 시달리고 이 상황을 활용해 민간보험회사는 실손의료보험 상품을 개발해 급속히 시장을 확대해 가고 있다.

당시 '암부터 무상의료' 논란을 보면 아쉬움이 크다. 저소득 계층부터 무상의료를 적용하자는 데 이의를 달기 어렵다. 하지만 국민건강보험의 보장성을 획기적으로 늘리는 정치적 도약대로는 위력을 갖지 못했다. 국민 대다수가 병원비를 걱정하며 사는데 무상의료는 단지 저소득 계층에게만 적용되는 의제로 이해되기 때문이다. 그 결과 다수 시민을 무상의료 논의의 주체로 세우는 데 한계를 지녔다. 무상의료 정책은 있었지만, 무상의료 전면화를 위한 사회적 에너지를 만들어 나가는 정치는 없었다. 비교 평가를 위해 다른 사례를 살펴보자.

지난 2009년 경기도 교육감 보궐 선거에서 무상급식, 혁신학교 등의 공약을 내건 김상곤 후보가 당선되었다. 보수 세력이 지배해 온 교육 행정에서 진보적 실험이 가능할지 관심이 쏟아졌다. 그리고 놀라운 일이 시작되었다. 이제 전국 대부분의 곳에서 초등학교 전면 무상급식이 시행되고 있지 않은가! 무상급식만이 아니다. 아이들 한 끼 점심 차원을 넘어 보편 복지, 복지국가 열풍을 만들어 내었다. 정말 예상하지 못했던 일이다.

경기도 교육청이 2010년 예산안을 편성할 당시, 김상곤 교육감을 도와주는 정책 그룹은 두 가지 무상급식 방안을 검토했다. 하나는 저소득 계층부터 무상급식을 적용하는 방안이고, 또 하나는 5~6학년 학생들에게 먼저 무상급식을 제공하고 이후 다른 학년으로 확대하는 방안이다. 전자를 택한다면, 한나라당이 지배하고 있는 도의회와 갈등을 피할 수 있지만 '전체 계층 무상급식'이라는 상징성을 지니기 어려웠다. 후자는 무상급식을 보편 복지 방식으로 공론화할 수 있는 잠재력을 지니지만 도의회와 일전을 각오해야 했다.

선택은 교육감의 몫으로 남겨졌다. 김상곤 교육감은 저소득 계층 아이들에게 낙인 효과를 주지 말아야 한다는 것을 명분으로 보편 복지 방식의 무상급식을 택했다. 돌이켜 보면 대한민국 복지 역사에서 정말 중요한 선택이었다.

아이들을 대상으로 하는 급식이나 보육 역시 대상 계층을 어떻게 정하느냐에 따라 선별 복지와 보편 복지로 나누어진다. 일부 저소득 계층에만 제공되는 선별 복지는 예산이 크지 않은 장점이 있지만 '복지 정치'의 측면에서는 한계를 지닌다. 일반 시민들이 복지를 자신의 것으로 받아들이지 않기에, 선별 복지 방식으로는 복지를 향한 대중적 에너지가 만들어지기 어렵다. 복지를 받는 사람과 세금을 내는 사람이 다르므로 계층 간 이해관계 갈등이 심화되고 조정도 만만치 않다.

만약 저소득 계층 학생들부터 무상급식을 도입했다면 일은 어떻게 흘러갔을까? 교육청의 예산 현실에서 무상급식은 가난한 집 아이들을 대상으로 하는 선별 복지 틀 안에 갇혔을 가능성이 높다. 무상급식은 적용 계층의 단계적 확대 속도를 다루는 '급식' 의제일 뿐이었을 것이다. 지금 대한민국에서 진행되고 있는 전면적 무상급식도, 보편 복지도, 복지국가 논의도 등장하기 어려웠을지 모른다. 여전히 보편 복지는 대학 강의실에서만 주고받는 개념어로 머물러 있었을 것이다.

'암부터 무상의료' 논란을 다시 보자. '왜 다른 질환은 소홀히 하는가? 저소득 계층부터 지원하는 게 진보적 원칙 아닌가?' 모두 근거가 있는 주장이다. 하지만 이 주장에는 중요한 한 가지가 빠져 있었다. 완전 무상의료가 목적

지라면 그곳으로 나아갈 힘을 만들어 내는 '복지 정치'를 기획하지 못했다.

두 개의 경로가 있다. '저소득 계층부터 무상의료 혜택을 제공하고 이후 상위 계층까지 무상의료를 전면화하자', 또 하나는 '많은 국민이 불안해하는 암부터 무상의료를 구현하고, 이러한 복지 체험을 바탕으로 다른 질환으로 확대하자'. 과연 어느 길이 무상의료를 향한 대중적 에너지를 역동적으로 모을 수 있었을까?

물론 쉽게 답할 수 있는 질문은 아니지만, 내가 주목하는 초점은 해당 복지 요구의 보편성이 지니는 위력이다. 병원비 불안은 저소득 계층뿐만 아니라 거의 모든 계층을 포괄하는 국민적 걱정거리이다. 그렇다면 모든 사람의 관심을 촉발하는 방식의 '무상의료 정치'가 필요하지 않았을까?

민간의료보험을 보자. 이들은 자신을 '암 보험'으로 포장한다. 왜 암일까? 대한민국 국민들의 병원비 걱정을 대표하는 상징 질환이 바로 암이기 때문이다. 국민들은 암을 통해 병원비 불안을, 암 보험을 통해 병원비 해결을 상상한다. 그만큼 '암'은 계층을 넘어 보장성 의제를 확장시킬 수 있는 중요한 소재였다. 민간의료보험이 '암 보험'을 내밀듯, 시민사회와 진보정당이 '암부터'를 밀고 나가며 '병원비 해결'을 위한 무상의료 정치를 펼쳤으면 어떠했을까? 두고두고 아쉬움이 남는다.

보편 복지 정치의 위력

보편 복지가 만들어 낼 수 있는 정치적 잠재력을 주목하자. 한국과 같이 경제력 수준은 높으나 복지가 빈약한 사회에서는, 국민들이 복지를 적극적인 것으로 이해하는 인식 틀의 형성이 무엇보다 중요하다. 복지가 저소득 계층에 대한 시혜, 도덕적 해이를 유발하는 사회적 비용이 아니라 모두에게 필요한 권리로 여겨져야 한다. 이를 위해서는 너도나도 복지를 자신의 것으로 주장할 수 있어야 한다. 무상급식, 무상보육, 무상의료처럼 국민 모두에게 절실히 해당되는 복지의 경우 과감하게 보편 복지 방식으로 확장하는 것이 적절한 이유이다.

우리나라처럼 예산 제약 장벽이 높고 고령화로 인한 복지 수요가 점증하는 나라에선 선별 복지로 시작한 사업은 이후에도 자연 증가분을 따라잡는 수준에서 관리될 개연성이 높다. 선별 복지로 시작하면 계속 선별 복지 틀에 머물 수 있다. 우리나라에서 획기적으로 복지를 늘리려면 '차곡차곡' 하위 계층부터 쌓는 방식보다는 일반 시민이 보편적인 방식으로 복지를 체험하는 것이 정공법이다.

노무현 전 대통령은 사후 발간된 『진보의 미래』에서 재임 기간에 복지 지출을 화끈하게 늘리지 못한 것을 후회한다. "지금 생각해 보면, 그럴 거 없이 색연필 들고 쫙 그어 버렸으면 되는 건데…. '무슨 소리야 이거. 복지비 그냥 올해까지 30프로, 내년까지 40프로, 내후년까지 50프로 올려.' 그냥 쫙 그어 버렸어야 되는데…. 그래 무식하게 했어야 되는데 바보같이 해서…" (234쪽). 그는 복지 열망을 강하게 품었지만, 보편 복지가 지닌 정치적 역동성을 자신하지 못했다. 일반 시민을 복지의 체험자로 만들지 못했고, 사실상의 미래 복지국가 청사진인 「2030 비전 보고서」를 작성하고서도 재정 마련은 후세대가 결정할 것이라고 미룸으로써 논점을 만들지 못하는, 그래서 아무런 영향을 끼치지 못하는 정책 페이퍼로 묻어 버렸다.

어떠한 정책도 정치를 통해서만 구현될 수 있다. '복지 정책'을 넘어 '복지 정치'로 한걸음 더 나가야 한다. 초등학교 5, 6학년 모든 아이에게 적용되는 무상급식! 여기서 복지 체험이 만들어 내는 역동적 '복지 정치'를 배운다. "무상급식, 처음에 대단치 않게 생각했는데, 막상 받아 보니 좋네요."라는 동네 아주머니의 이야기에서 그 정치의 위력을 확인한다.

19

분발하라, 노동운동과 진보정당

대한민국에서 복지국가를 꿈꾼다면 이에 필요한 복지 정치를 구현할 주체는 누구이며 어떻게 형성되는 것일까? 전통적인 복지국가 정치 이론에서는 노동운동과 진보정당을 핵심 세력으로 다룬다. 광범위한 조직화와 사회적 신뢰를 갖춘 노동조합과 복지국가 건설 프로그램을 지닌 진보정당이 복지국가 건설을 주도했다는 이야기이다.

그런데 한국에서는 이 전통적 주체들의 힘이 미약하다. 진보정당은 2004년 민주노동당의 국회 진출 이후 약진의 계기를 잡는 듯했으나, 2008년, 2012년 연이은 분당을 겪으며 주변부에서 머물고 있다. 노동조합 역시 1980년대 민주노동운동이라는 이름으로 성장해 왔으나, 1998년 IMF 금융위기 이후 구조조정 위협, 비정규직 확대 등으로 어려움에 처해 있다. 특히 조직 형식으로는 산업별 노동조합을 지향하고 있으나 여전히 기업별 노동조합

체제가 강고해 핵심 노동조합들이 기업 복지 틀에 갇혀 있는 게 현실이다.

노동조합, 계속 기업 복지 틀에 머물 것인가?

먼저 노동운동 영역을 살펴보자. 지금까지 한국의 노동조합은 시장임금 인상에 몰두해 왔다. 시장임금은 '기업 영역'에서 사용자로부터 받는 급여이기에 기업을 경계로 노동자 내부의 격차를 만들어 낸다. 노동조합 조직 여부, 고용 형태(정규직/비정규직), 기업 규모, 경영 실적 등에 따라 임금 및 기업 복지의 수준이 달라지고, 이것이 누적되어 노동자 내부의 격차가 고착화되고 있다.

노동자에게 기업에서 얻는 시장임금뿐만 아니라 정부로부터 받는 사회임금 역시 중요하다. 특히 시장임금이 취약한 불안정 노동자일수록 사회임금이 중요하다. 노동계 일부에서 '노동(일자리) 없는 복지는 허구이다'라는 목소리가 있지만, 이는 균형감을 놓친 과도한 주장으로 들린다.

복지는 노동시장 밖의 재분배 의제이다. 무상급식, 무상보육, 무상의료, 공공 주거, 공적 연금, 기초생활보장 등 복지는 노동시장에서 거둔 '공적 재원(세금)'을 토대로 노동시장 외부에서 사용되는 '사회임금'이다. 물론 안정적인 일자리가 있을 때 복지도 지속가능하지만, 지금 비정규직이 정규직으로 전환되지 못한다고 무상보육과 무상의료가 의미 없는 것은 아니다. 오히려 일자리 고통을 안고 있는 불안정 노동자에게 사회임금 인상은 더욱 절실한 과제이다.

사회임금이 노동운동에 주는 의의

이제 노동운동이 사회임금 확대에 나서야 한다. 사회임금은 단지 가계를 보전해 주는 경제적 목적으로서뿐만 아니라 노동운동의 발전에도 크게 기여할 것이다.

첫째, 사회임금은 소득 재분배의 기능을 통해 시장임금의 불평등을 완화시키는 '평등 효과'를 가진다. 현재 우리나라는 고용 형태, 회사 규모에 따라 시장임금의 격차가 크다. 이러한 상황에서 시장임금과 별개로 국가의 제도적 장치를 통해 얻는 사회임금은 노동자 내부의 격차를 완화시켜 준다. 기업과의 교섭을 통해 받는 임금 인상분은 해당 기업의 노동자에게만 적용되지만, 사회임금은 정규직이든 비정규직이든, 대기업이든 영세 기업이든 모두에게 동일하게 주어지기 때문이다.

둘째, 사회임금은 노동자 내부의 연대를 강화시켜 준다. 현재 노동운동은 정규직과 비정규직 간 심각한 단절을 겪고 있다. 이러한 상황에서 사회임금은 특정 기업의 노동자에게만 해당되는 것이 아니라, 자녀를 둔, 임대주택이 필요한, 노인을 돌보는 모든 가구에 적용되기에 노동자 모두에게 공통의 이해관계를 형성해 준다. 사회임금을 통하여 노동자 내부의 분할을 극복하는 연대의 계기가 마련될 수 있다.

셋째, 사회임금은 노동운동의 정치적 활동을 강화한다. 시장임금을 둘러싼 투쟁은 기업 내 사용자와 노동자 사이에서 이루어지는 반면, 사회임금을 둘러싼 줄다리기는 사회보험, 교육, 주택 등 정부 정책과 국회 입법 영역에서 전개된다. 사회임금의 수준과 방식을 둘러싼 활동이 자연스럽게 정치적 성격을 강하게 지닌다.

넷째, 사회임금은 노동운동이 지향하는 계급 정치의 토대를 마련해 줄 수 있다. 사회임금은 재원을 누가 부담할 것인지, 누구에게 급여를 제공할 것인지를 둘러싸고 계급 계층 간 이해를 확연히 구분시킨다. 자본은 가능한 한 재원 부담의 책임을 면하려 할 것이고, 노동운동은 자본과 상위 소득 계층에 재원 부담의 책임을 요구할 수 있다. 사회임금을 둘러싸고 계급 간 이해관계가 드러나면서 계급정치가 가능해진다.

노동운동, 복지국가 재정주권운동에 나서라!

대한민국에서 복지국가가 많은 사람의 가슴에서 '이루어지는 꿈'으로 만개하기 위해서는 노동운동의 역할이 막중하다. 현재 한국 사회의 양극화가 심각한 수준으로 진행되면서, 노동운동의 중심 세력보다 사회적 지위가 훨씬 뒤처진 사회적 약자 계층이 광범위하게 존재한다. 위로는 이윤을 독차지하는 부유층과 자본 세력이 있지만, 아래로는 하루하루가 힘든 불안정 노동자들이 많다. 이 때문에 정규직 노동조합에 대한 사회의 시선이 더욱 따갑다.

이러한 현실을 감안할 때, 노동운동 스스로가 사회적 약자를 우선에 두는 활동에 나서야 한다. 사회임금 확대가 필요하다면, 이를 위한 실천도 벌여야 한다. 지금까지 노동운동은 국가와 자본을 향한 요구 투쟁에 집중해 왔다. 그러한 활동을 폄하해선 안 되지만, 그것에만 의존하는 것은 운동의 범위를 제한할 수 있다.

나는 사회임금을 확대하기 위해 노동운동이 선도적으로 '참여적 재정주권운동'에 나설 것을 제안한다. 이는 노동자들이 복지국가 실현을 위해 스스로 능력껏 재정 마련에 참여하고, 이를 지렛대로 자본과 국가에 책임을 요구하는 운동이다. 이제는 세금이든 보험료든 국가 재정을 확대하는 방안을 노동운동이 내놓아야 한다.

노동자들이 직접 자신의 돈을 내야 하므로 내부에서 상당한 논란이 생길 수 있지만 이를 피하지 말고 생산적으로 이끌어 가야 한다. 그래야만 노동자들이 스스로 복지국가 건설 과정에 참여하는 계기가 생기고, 자신이 행한 실천을 근거로 자본과 국가를 압박하는 정당성도 더욱 가지게 된다. 이는 기업별주의 활동에 머물러 있다는 비판을 넘어서서 노동자에게 자부심을 불러일으키는 일이기도 하다.

예를 들어 지금까지 이 책에서 내가 제안한 '사회복지세 도입', '국민건강보험 하나로' 등 복지국가 재정주권운동에 선도적으로 나서기를 바란다. '내자(낼 테니 내라)!' 운동이 위력을 지니려면 몇만 원의 세금을 부담하고 이를 감수하겠다는 주체가 필요한데, 정규직 노동자들이 가장 전형적인 주인공이다. 연봉 4천만~8천만 원 노동자의 사회복지세는 월평균 약 2만 원이다. '국민건강보험 하나로'에서도 노동자들의 역할이 중요하다. 가입자 1인당 평균 월 1만 1천 원이라지만, 이는 평균 금액이기에 정규직 노동자들이 낼 추가 국민건강보험료는 월 3만~6만 원에 이른다. 이전에 민주노동당과 민주노총에서 논란이 되었던 사회연대전략의 기본 원리도 '참여적 재정주권운동'에 있다. 정규직 노동자가 5년 동안 월 1,700~3,200원 정도의 재정

분담을 통해 사용자와 정부의 책임 몫을 더 많이 이끌어 내고, 그것을 재원으로 국민연금 사각지대에 있는 저소득·비정규직 노동자의 노후 대비 단초를 마련하자는 것이었다.

정리하면, 앞에서 내가 복지국가 증세로 제안하였던 사회복지세 도입, 국민건강보험 하나로, 그리고 국민연금의 사각지대 해소를 위한 '사회연대전략' 모두 노동운동이 사회임금을 늘리기 위한 실천 프로그램이다. 동시에 이 과정에서 노동운동이 복지국가운동의 실질적 주체로 성장하는 복지주체 형성 전략이기도 하다.

현재 노동조합으로 조직된 노동운동에 대한 사회적 신뢰는 그다지 높지 않다. 노동조합이 직면한 현안들이 대부분 사회적 여론에 크게 영향받는다는 점을 감안하면 사회적 신뢰는 노동운동이 풀어야 할 큰 숙제이다. 그래서 더욱 노동운동이 참여적 재정주권운동에 나서는 것이 중요하다. 이미 많은 사람이 노동조합에게 사업장 안에서 벌이는 임금 인상 활동을 넘어 전체 노동자, 사회구성원을 위한 운동에 나설 것을 요구하고 있다. 지금까지 노동운동이 해 온 방식과는 다른 실천 전략으로 말이다. 그 만큼 기존의 관성을 넘어서라는 것이다. 이는 노동운동에게는 '자기 혁신'의 길이기도 하다.

진보정당, 복지 민심과 소통하며 혁신의 계기 만들어야

이번엔 진보정당을 살펴보자. 복지국가 건설에 진보정당의 역할은 아무리 강조해도 지나치지 않다. 복지국가는 시장 중심의 가계 지출을 공공복지 중심으로 전환하는 것이기에 이를 구현할 '정치력'이 관건이다. 복지국가는 과감한 소득 재분배를 구현한다는 점에서 진보정당 친화적 의제임에 분명하다.

대한민국에서도 무상급식 논란 이후 복지국가 담론이 부상했고, 특히 정치권을 중심으로 복지국가 논의가 진행되어 왔다. 심지어 새누리당 박근혜 대통령 후보조차 복지국가를 자신의 꿈으로 주창했다. 2009년 10월, 박정희 전 대통령 30주기를 맞아 "아버지가 우리나라의 경제 성장을 이룩하셨지만, 궁극적인 꿈은 복지국가 건설이었다"면서 말이다. 2011년에 한나라당 비대위원장을 맡고서는 당명을 새누리당으로 갈고 '모든 국민이 더불어 행복한 복지국가 건설'을 정강정책 1조에 담기도 했다. 민주통합당도 그렇다. 어느새 진보정당이 주창하던 복지 정책들을 대부분 수용하여 무상급식, 무상보육, 무상의료, 반값 등록금 등 보편 복지 요구를 당의 핵심 과제로 두고 있다.

그런데 정작 진보정당의 복지국가 활동은 기대에 크게 못 미친다. 일부에서는 이미 새누리당과 민주통합당까지 주창하는 복지국가 영역에서는 진보정당의 차별성을 드러낼 수 없다고, 혹은 복지국가라는 재분배 중심 체제로는 일자리, 경제 구조 혁신 같은 근본적인 과제를 담을 수 없다고 여기는 분위기도 존재한다. 다른 선수들이 열심히 복지국가를 향해 뛰고 있는데 정작 복지국가 원조격인 진보정당은 제자리뛰기만 하는 격이다.

민심과 호흡하지 못하는 정당은 성장할 수 없다. 지금은 민심이 복지국가를 열망하고 있다. 복지국가의 한계를 애써 찾는 자존심보다 복지국가가 만들어 낼 역동성에 주목해야 한다. 진보정당이 독자적으로 다룰 복지국가 의제 영역은 여전히 넓다.

예를 들어, 모두들 무상보육을 주창하지만, 대부분의 보육 시설이 민간에 의해 운영되는 현실을 타개할 실질적 대책은 내놓지 않는다. 규모가 영세하고, 상업적 운영에서 자유롭지 못하며, 보육 교사의 처우도 열악하다. 많은 부모가 국공립 보육 시설을 선호하듯이, 공공형으로 제공할지 시장형에 의존할지에 따라 보육 복지의 의미가 달라진다. 진보정당이 공세적으로 보육 시설의 공공화를 주창할 수 있다. 또한 제5사회보험으로 도입된 장기요양 제도는 심각한 지경에 있다. 고령화가 빠르게 진행되는 상황에서 우후죽순으로 생겨나는 민간 요양기관에 의존하는 방식으로는 장기요양 재정이 안정적으로 관리되기 어렵다. 결국 보육이든 요양이든 복지국가 세력이라면 서비스 공급 체계의 공공화를 이야기해야 하며, 여기서는 진보정당이 가장 유력한 역할을 할 수 있다.

일자리도 논점이다. 복지가 노동시장의 한계에 대응하는 것이기에 안정적 일자리는 복지국가의 지속가능성에 중요한 조건이다. 모두가 비정규직 문제의 심각성을 말하지만, 불안정 고용을 정당화하는 현행 비정규 관련 법안을 어떻게 바꿀지, 중소기업의 지급 능력을 키우려면 대기업과의 관계를 어떻게 민주화해야 할지 진보정당이 근본적으로 대응해야 할 논점이 많다.

특히 진보정당은 다른 정당들이 따라올 수 없는 강점, 대중과 직접 만나는 고유의 강점을 살려야 한다. 여의도 정치 공간을 넘어 전국 곳곳에서 노동자, 농민, 자영자, 대학생, 주부 등 복지국가 시민들과 만나야 한다. 이러한 복지 정치, 민생 정치야말로 2012년 총선 이후 추락할 대로 추락한 진보 정당의 신뢰를 회복하는 혁신의 길이다.

20

'한국형' 복지국가 주체 형성의 길

복지국가를 이야기할 때 항상 직면하는 질문이 있다. 대한민국에서 복지국가를 만들어 갈 세력이 뚜렷하지 않다는 지적이다. 서구 경험을 보면 노동조합, 진보정당 등이 주요 주체인 데 반해, 우리나라에서는 진보정당이 약하고 노동조합은 복지국가 운동에 소극적이기 때문이다.

복지국가 주체가 지금 있는가?

누가 대한민국을 복지국가로 만들어 갈까? 이것이 지금까지 이 책에서 계속 흐르는 문제의식이다. 복지국가를 이루기 위해선 돈이 필요하고, 이 돈이 제대로 쓰이려면 복지 공급 체계가 정비돼야 하고, 복지국가가 지속가능하기 위해서는 일자리 안정화와 경제민주화도 요청되지만, 이 모든 일을 추진하려면 대중적 복지 세력이 존재해야 한다.

지금까지 우리나라에서 진행된 복지국가 논의는 어떤 복지, 즉 보편이냐 선별이냐를 중심으로 진행되었다. 무상급식 논란을 거치면서 보편 복지 담론이 주도권을 지니면서 어느새 보편적 복지국가가 시민사회와 진보 진영의 목표로 자리 잡고 있다.

이제는 제2라운드로 옮겨 가야 한다. 링의 제목은 '어떻게 복지국가를 만들 것인가'이다. 이 과제를 풀기 위해 맨 먼저 그리고 중요하게 다루어야 할 질문이 바로 복지국가 주체 형성이다. 복지국가는 자신을 건설하고 운영할 세력들의 동맹을 만들어야 하는 정치적 프로젝트이다.

아직 대한민국에는 2라운드를 책임질 뚜렷한 선수가 보이지 않는다. 서구와 달리 진보정당과 노동조합이 약하고, 수십만 명의 사회복지사가 존재한다지만 지역사회의 복지 활동은 형식적인 복지 전달 수준에 머물고 있다. 그래서 국내 복지국가 연구자일수록 대한민국의 복지국가 진입에 회의를 표한다. 아직 우리나라에서는 복지 동맹을 주도할 주체세력이 미약하다고 판단하기 때문이다.

연성 권력자원을 주목하라

나는 우리나라 복지국가 주체를 이야기할 때 '연성 권력자원'에 주목하고자 한다. '내가 만드는 복지국가' 운영위원으로 활동하는 서울과학기술대학교 김영순 교수에 의하면, 경성 권력자원이란 노조의 조직률과 중앙 집중도, 사민주의 정당의 의석수 등 초기 권력자원론에서 다루었던 범주를 말하고, 이와 비교해 연성 권력자원은 정치적 행위자들의 상호 과정에서 만들어지는 내적 응집력, 연대망 구축 능력, 대중의 지지도, 정책 모델과 전략을 만들어 내는 정책혁신가 policy entrepreneurs 등이 결합된 권력자원을 가리킨다.

김 교수는 "어떤 중요한 정치적 국면에서는 행위자들의 전통적인 '경성 권력자원'이 부족해도 '연성 권력자원'을 잘 이용해서 복지연합 welfare coalition 을 구성할 수 있다면 현상의 돌파가 가능하다"고 역설한다.[11] 이는 진보정당, 노동조합 등 전통적인 권력자원이 부족한 대한민국 현실에서도 서구 나라 방식과 다른 복지국가 주체 형성 경로가 열릴 수 있다는 점을 시사한다.

이러한 연성 권력자원은 주로 일시적으로 분출되지만 강력한 힘으로 결집되어 현실을 변화시킬 수 있다. 기존 전통적 조직들의 활동 방식과 비교하여 쇠고기 촛불, 무상급식, 반값 등록금, 희망버스, 그리고 이 책이 제안하는 사회복지세 도입, 국민건강보험 하나로, 국민연금 사회연대전략 등 의제별로 구성된 네트워킹 주체들의 활동이 연성 권력자원론이 적용 가능한 사례가 될 수 있다. 나는 서구 복지국가들이 노동조합, 진보정당 등 전통적인 '경성 권력자원'에 토대를 두고 건설됐다면, 향후 대한민국이 걸어갈 복지국가 경로에서는 다른 형태의 자원들, 즉 '연성 권력자원'의 역할을 기대한다.

근래 대한민국 민심이 보여 주는 복지국가를 향한 역동성이 예사롭지 않다. 초등학생 점심 급식이라는 조그마한 의제가 대학 강단에서나 쓰일 법한 '보편 복지 담론'을 이끌어 내더니 이제는 사회 시스템으로서 복지국가론

---

11) 이런 연성/경성의 구분은 Hicks and Misra, Rico의 권력자원 논의를 참고해 김영순 교수가 분류한 것이다. 한국의 시민운동은 연성 권력자원의 효율적 동원에 탁월한 능력을 보여 왔다. 김영순, 「보편적 복지국가를 위한 복지동맹」, 『시민과 세계』 제19호, 2011.

까지 등장시켰다. 작은 정부를 주창하는 보수 진영까지 복지국가 경쟁에 뛰어들 수밖에 없도록 만들었다.

불과 2년 만에 이루어진 일들이다. 기존 복지국가 형성 이론에서는 포착되지 않은 복지주체가 대한민국 어딘가에 있음이 분명하다. 실제 2008년 촛불, 무상급식 운동, 희망버스, 소셜 네트워크SNS 등을 보면 근래 대한민국을 움직이는 힘은 경성 권력자원보다 오히려 연성 권력자원에서 나오고 있음을 알 수 있다.

이는 전통적인 경성 권력자원이 부족한 우리나라 복지국가 운동에서 연성 권력자원이 주요한 역할을 수행할 수 있음을 의미한다. 실제 10년 가까이 무상급식을 위한 풀뿌리 운동이 전개되었고, 복지 담론 확장을 위해 헌신적으로 활동하는 참여연대, 복지국가소사이어티 등의 시민단체가 있다. 시민들이 직접 1인당 평균 1만 1천 원씩 국민건강보험료를 더 내서라도 무상의료를 이루자는 '국민건강보험 하나로' 운동도 등장했고, 소득별 보편 증세 운동을 주창하는 '내가 만드는 복지국가'도 이에 속한다.

복지 현장, 불안정 노동자, 풀뿌리 마을공동체 주체들

앞으로 실제 복지와 직접적 관련을 맺고 있는 당사자들의 세력화가 매우 중요하다. 지난 보편/선별 복지 논쟁을 되돌아보면 급식, 보육 등 사회서비스 복지에 논의가 집중되는 바람에 두 가지 핵심 복지 영역이 주변화되었다. 하나는 기초생활보장제도, 장애인 등 취약 계층에 제공되는 공공부조 성격의 복지이다. 시민사회에서는 보편 복지 담론이 부상했지만 정작 취약 계층 복지를 다루는 복지 현장의 사회복지사, 이 복지를 누리는 수급자들은 자신의 의견을 밝힐 기회를 가질 수 없었다. 현재 사회복지사 자격증을 가진 사람만 53만 명에 이르고, 기초생활보장 수급자만 150만 명, 또 그 수만큼의 잠재적 수급자가 존재한다. 이들이 복지국가 운동의 주체로 나서게 하는 계기가 필요하다.

보편 복지 논쟁에서 배제된 또 하나의 핵심 주체는 불안정 노동자들이다. 노동 인구의 절반을 차지하는 이들이 누구보다 사회임금을 필요로 한다. 이들이 노동시장에서 관련을 맺고 있는 복지는 사회보험인데, 대부분 사회보험료를 낼 수 없는 지위나 형편이라 사각지대에 놓여 있다. 지금 당장 노동시장의 상황을 바꾸기 어렵다면 가능한 방안은 사회보험료 지원이다. 만약 사회보험료 지원 사업을 사회연대전략 차원에서 대대적으로 추진한다면 불안정노동자들이 복지주체로 등장하는 중요한 계기가 마련될 수 있을 것이다.

또 중요한 주체가 커 가고 있다. 바로 지역에서 협동조합, 사회적 기업 등으로 엮인 풀뿌리 주민 네트워크이다. 이미 생활협동조합, 의료협동조합이 몇 곳에서 성공적으로 자리를 잡아 가고 있고, 최근에는 다양한 사회적 기업이 지역 주민들을 모으는 장이 되고 있다. 이러한 풀뿌리 지역 주체들이 벌이는 '마을공동체 만들기', '지역협동조합' 등은 복지국가의 모세혈관이 될 것으로 기대된다. 협동과 공공성을 지향하는 복지주체가 지역에서 기지개를 펴고 있다.

그렇다. 대한민국을 복지국가로 만들어 갈 주체가 곳곳에서 커 가고 있다. 2008년 촛불, 2010년 무상급식 민심, 2011년 희망버스 등 유동적 주체도 있고, 사회복지사, 기초생활보장 수급자, 불안정 노동자 등 복지 이해관계가 분명하지만 아직 세력으로 형성되지 못한 주체도 있으며, 근래 지역주민 운동 활성화, 지방자치단체 민주화 등에 힘입은 협동조합 풀뿌리 주체들도 있다. 복지국가 열망을 토대로 시민들이 관객에서 참여자로 나서는 시민 참여 재정주권운동은 또 어떤가! 이들이 바로 대한민국 복지국가를 만드는 데 중요한 역할을 담당할 연성 권력자원이다.

'한국형' 복지국가 주체 형성 : 연성과 경성의 만남

물론 연성 권력자원이 지닌 내재적 한계도 직시할 필요가 있다. 2008년 촛불에서 경험했듯이 비조직화된 '연성' 으로는 어느 순간 타오를지언정 구체적이고 지속가능한 열매를 맺기 어렵다. 연성 권력자원이 다양한 의제를 중심으로 대중적 응집력을 만들어 내더라도 복지국가 운동이 지속가능하기 위해서는 조직화된 경성권력 자원의 뒷받침이 필요하다. 따라서 연성 권력자원론은 경성 권력자원론과 상충하는 개념이기보다는 경성 권력자원이 취약한 역사적 국면에서 경성 권력자원을 보완하며 결합하는 특수한 경로 모델로 이해될 수 있다.

시민들은 연성 권력자원을 최대한 활용해 복지국가로의 진입로를 개척하고, 진보정당과 노동운동은 특유의 대중성을 살려 이에 호응해 나와야 한다. 연성 권력자원에겐 무엇보다 시민들이 적극적으로 참여할 수 있는 프로그램이 필요하다. 2008년 촛불 경험에서 확인되듯이, '쇠고기' 로 한정된 프로그램으로는 연성 권력자원을 유지하기 어렵다. 복지국가 정상에 이를 때까지 계속 밝혀 나갈 촛불 프로그램이 필요하다. 이러한 면에서 나는 국민건강보험 하나로, 사회복지세 도입 등 시민 참여 재정주권운동이 복지국가를 향한 연성 권력자원의 프로그램으로 적합하리라 기대한다.

동시에 이 재정주권운동은 경성 권력자원과 만날 수 있는 오작교이기도 하다. 중간 계층의 지위를 지니고 있는 노동조합이 복지국가 증세를 외치며 참여적 재정주권운동에 나설 때 광장은 촛불에 머물지 않고 연성과 경성이 결합된 횃불로 밝혀질 수 있다. 정규직 노동자들이 '나는 1만 1천 원 이상도 내겠다'며 나설 때 무상의료운동에 강력한 에너지가 넘칠 수 있다. 특히 국민연금 보험료 지원 사업처럼 노동자 내부에서 정규직과 비정규직이 함께 모여 나올 수 있다면 경성 권력자원은 전체 사회구성원의 지지를 받는 명실상부한 복지국가 운동의 주체로 인정받을 수 있다.

그래서 연성과 경성 권력자원이 하나로 모일 때, 대한민국 복지국가는 비로소 꽃을 피울 것이다. 이들이 힘을 모아 복지국가 전달 체계를 공공화하고, 일자리 안정을 위해 노동시장을 개혁하고, 대한민국 경제 권력을 사회가 공평하게 나누는 경제민주화를 이룰 수 있다. 이것이 우리 아이들에게 물려줄 대한민국 복지국가의 모습이며, 인류가 지향해 나아가야 할 잠정적 유토피아이다. 복지국가! 꿈은 이뤄진다. 관객에서 참여자로 함께 만들어 가자.